Linde

Birke

Hainbuche

Roßkastanie

Eberesche

Rot-Buche

kosmos Naturführer

Welches Blatt
ist das?

Kosmos
Gesellschaft der
Naturfreunde
Franckh'sche Verlagshandlung · Stuttgart

256 Farbfotos von J. Apel (8), A. Bärtels (28), G. Barbieri (2), K. Bogon (1), H.-D. Brandl (1), F. Büttner (1), R. Cramm (9), M. Haberer (3), K.-H. Jacobi (1), R. König (4), B.-P. Kremer (46), H. E. Laux (1), W. Layer (5), A. Limbrunner (14), M. Pforr (36), P. Pretscher (1), H. Reinhard (38), A. Riedmiller (2), W. Schacht (7), P. Schönfelder (3), H. Schrempp (20), G. Synatzschke (15), K. Wothe (10) sowie 23 Farbzeichnungen von M. Golte-Bechtle und 20 Schwarzweißzeichnungen von B.-P. Kremer

Umschlag von Kaselow-Design, München, unter Verwendung von zwei Aufnahmen von Andreas Riedmiller. Das Bild zeigt eine Rotbuche (*Fagus sylvatica*) und ihre Blätter.

Das Bild auf den Seiten 2 und 3 zeigt einen Feld-Ahorn (*Acer campestre*) auf der Schwäbischen Alb, das Bild auf den Seiten 4 und 5 Rot-Buchen (*Fagus sylvatica*), die Abbildung auf S. 250 Blätter der Stiel-Eiche (*Quercus robur*).

CIP-Titelaufnahme
der Deutschen Bibliothek

Kremer, Bruno P.:
Welches Blatt ist das? : Bäume und Sträucher Mitteleuropas / Bruno P. Kremer. [256 Farbfotos von J. Apel …]. – Stuttgart : Franckh, 1989
    (Kosmos-Naturführer)
    ISBN 3-440-06022-5

Welches Blatt ist das?

Zum Umgang mit diesem Buch _____ 6

Gehölze bestimmen – leicht gemacht _____ 8

Bäume wie im Bilderbuch _____ 9

Blatt und Blüte gut verpackt _____ 14

Blütenpracht an Strauch und Baum _____ 18

Zu Wasser, zu Lande und durch die Luft _____ 22

Zapfenzier am Nadelzweig _____ 26

Rinde – das Antlitz der Gehölze _____ 28

Laubgehölze _____ 30
Blätter gegenständig, einfach und …
    ganzrandig _____ 32
    gekerbt oder gesägt _____ 42
    gelappt oder gebuchtet _____ 48
Blätter gegenständig und zusammengesetzt _____ 58
Blätter wechselständig, einfach und …
    ganzrandig _____ 72
    gekerbt oder gesägt _____ 92
    gelappt oder gebuchtet _____ 152
Blätter wechselständig, zusammengesetzt und …
    ganzrandig _____ 180
    gekerbt oder gesägt _____ 188

Nadelgehölze _____ 202
Blätter nadelförmig und …
    einzeln _____ 204
    in Gruppen _____ 224
Blätter schuppenförmig _____ 242

Register _____ 250

Franckh'sche Verlagshandlung,
W. Keller & Co., Stuttgart / 1989
Das Werk einschließlich aller
seiner Teile ist urheberrechtlich
geschützt. Jede Verwertung außer-
halb der engen Grenzen des
Urheberrechtgesetzes ist ohne
Zustimmung des Verlages unzu-
lässig und strafbar. Das gilt insbe-
sondere für Vervielfältigungen,
Übersetzungen, Mikroverfilmungen
und die Einspeicherung und
Verarbeitung in elektronischen
Systemen.
© 1989, Franckh'sche Verlags-
handlung, W. Keller & Co., Stuttgart
L 14 PI / ISBN 3-440-06022-5
Printed in Germany / Imprimé en
Allemagne
Satz: G. Müller, Heilbronn
Reproduktion: G. Schmid, Stuttgart
Herstellung: Mohndruck, Gütersloh

Zum Umgang mit diesem Buch

In diesem Naturführer werden 120 Gehölzarten mit Bild und Beschreibung ausführlich und etwa 30 weitere bei ihren jeweiligen Verwandten in Kurzform vorgestellt. Mit dieser Artenauswahl können alle in Mitteleuropa einheimischen Baumarten sowie der größte Teil unserer wildwachsenden Straucharten zuverlässig erkannt und bestimmt werden. Lediglich die so arten- und formenreichen Weiden, um die auch Fachleute gerne einen Bogen schlagen, oder die ausschließlich in den Alpen vorkommenden Strauchgehölze wurden nur auswahlweise mit einigen wichtigen Arten berücksichtigt. Weggelassen haben wir auch die schwierigen Formenkreise der Brombeeren und Wildrosen.

In ihrem Artenaufkommen ist die einheimische Gehölzflora eigentlich recht bescheiden und überschaubar – weniger als fünf Prozent der wildwachsenden Pflanzenarten sind Sträucher oder Bäume. Die Eiszeiten haben in Mitteleuropa von der Artenfülle der Tertiärzeit eben nur wenig übriggelassen. In klimatisch vergleichbaren Gebieten Nordamerikas und Ostasiens kommen weitaus mehr Arten vor. Viele unserer Ziergehölze stammen aus diesen Regionen, und manche Gattung, die heute in Gärten oder Parks und an Straßen angepflanzt wird, hat in Mitteleuropa uraltes Bodenrecht, wie Fossilfunde ausweisen. Das vorliegende Buch berücksichtigt daher auch eine Reihe eingeführter oder häufig angepflanzter Gehölzarten. Mit der Gesamtauswahl können Sie die meisten Strauch- und Baumarten aus Wald und Flur, aber auch aus unserem grünen Wohnumfeld zuverlässig bestimmen.

Bäume sind Holzpflanzen mit klarer Gliederung in Hauptstamm und Krone. Bei einem Strauch sitzt die ästige Krone gleichsam unmittelbar auf dem Boden. Sträucher haben keinen einzelnen Hauptstamm, sondern bestehen (meist) aus mehreren gleichwertigen Stämmchen, die bereits von Grund auf stark verzweigt sind.

Innerhalb der Kategorien Strauch und Baum gibt es vielerlei Abwandlungen und Typen, die als Anpassungen an besondere Standortbedingungen zu verstehen sind. Am Boden kriechende Spaliersträucher oder die allenfalls kniehohen Zwergsträucher sind Spezialisten für schneereiche, winterkalte Wuchsgebiete. Die auffallend kleinblättrigen Dorn- und Rutensträucher sind dagegen besonders gut auf sommerwarme, trockene Standorte abgestimmt. Besonders kennzeichnend für das mitteleuropäische Durchschnittsklima sind sommergrüne, relativ großblättrige Sträucher. Auch bei den Bäumen läßt die Beschaffenheit der Belaubung und Verzweigung in gewissem Umfang Rückschlüsse auf Herkunft oder Standort zu. In den botanischen Steckbriefen zu den einzelnen Arten werden solche Besonderheiten jeweils unter dem Stichwort Erscheinungsbild kurz skizziert.

Wichtigste Bestimmungshilfe, mit der Sie die einzelnen Gehölzarten genau ermitteln können, sind in diesem Buch die jeweiligen Blattmerkmale, insbesondere Aussehen, Gestaltung und Stellung der Blätter. Mit ganz wenigen, gut erkennbaren Kehnzeichen der Beblätterung lassen sich die Gehölze übersichtlich in einzelne Formgruppen einteilen. Im konkreten Fall ist zunächst zu entscheiden, ob ein flächiges Laubblatt, ein Nadel- oder ein Schuppenblatt vorliegt. Bei den Laubblättern muß alsdann die Stellung der Blätter am Zweig festgestellt werden.

<u>Gegenständig</u> sind die Blätter, wenn sich ihre Ansatzstellen genau gegenüberstehen.

 <u>Wechselständig</u> sind die Blätter, sofern an einem Knoten jeweils nur ein einziges Blatt sitzt.

Wenn die Position der Blätter geklärt ist, muß überprüft werden, ob das Blatt einfach oder zusammengesetzt ist.

 <u>Einfach</u> neṅnt man Blätter mit einheitlicher, nicht in Teilportionen (Fiedern) untergliederter Blattspreite. In der Blattachsel sitzt gewöhnlich eine Knospe.

 <u>Zusammengesetzt</u> ist ein Blatt, das paarig oder unpaarig gefiedert ist und mithin mehrere Teilpartien (Blättchen) umfaßt.

Die Stellung der Knospe im Winkel zwischen Achse und Blattstiel (niemals zwischen Fiederblatt und Blattstiel) verrät den Unterschied zum beblätterten Seitenzweig.

Der dritte Blick gilt der Ausgestaltung des Blattrandes. Wir unterscheiden hier bei den einfachen und bei den zusammengesetzten Blättern:

 Blattrand <u>ganz- oder glattrandig</u>

 Blattrand <u>gekerbt</u>

 Blattrand <u>gesägt</u> (gezähnt)

 Blattrand <u>gelappt</u> (gebuchtet)

Nach Blattstellung, Blattbau und Blattgestaltung lassen sich nun folgende Hauptgruppen (im Buch durch Farbstreifen am Seitenrand leicht auffindbar) und Untergruppen unterscheiden:

1. Laubhölzer mit gegenständigen Blättern

<u>Blätter einfach</u>

 ganzrandig (S. 32)

 gekerbt oder gesägt (S. 42)

 gelappt oder gebuchtet (S. 48)

<u>Blätter zusammengesetzt</u>

 gesägt oder gekerbt (S. 58)

2. Laubhölzer mit wechselständigen Blättern

<u>Blätter einfach</u>

 ganzrandig (S. 72)

 gekerbt oder gesägt (S. 92)

 gelappt oder gebuchtet (S. 152)

<u>Blätter zusammengesetzt</u>

 ganzrandig (S. 180)

 gekerbt oder gesägt (S. 188)

3. Nadel- oder Schuppenblätter

<u>Blätter nadelförmig</u>

 einzeln am Zweig (S. 204)

 in Gruppen oder Büscheln (S. 224)

<u>Blätter schuppenförmig</u>

 in anliegenden Längszeilen (S. 242)

Gehölze bestimmen – leicht gemacht

Ein unbekanntes Gehölz nur anhand seiner Blätter artgenau zu bestimmen, ist eigentlich nicht schwierig, denn immerhin bieten die Blattorgane der Sträucher und Bäume hinreichend große Formunterschiede und artspezifische Besonderheiten – es sei denn, man plagt sich mit den eingangs erwähnten schwierigen Artengruppen oder hat einen Kreuzungsbastard zwischen nahe verwandten Arten (vgl. Holländische Linde, S. 150, oder Grau-Pappel, S. 176) vorliegen. Baum- und Strauchblätter kann man zudem ganz aus der Nähe betrachten und benötigt zur Feststellung der entscheidenden Merkmale im allgemeinen nicht einmal eine Lupe oder ein sonstiges Hilfsmittel. Wie im einzelnen vorzugehen ist, wollen wir an einem typischen Beispiel verfolgen:

Bestimmungsbeispiel

Sie finden beim Wochenendspaziergang am Waldrand ein Laubgehölz von der Gestalt eines großen Strauches oder kleineren Baumes. Der Blick auf die Blätter zeigt uns, daß
– die Blätter gegenständig,
– einfach (ohne Aufteilung in Teilblätter) sowie
– regelmäßig rundlich gelappt sind.
Diese Merkmale führen im Symbol- und Farbcode auf S. 7 automatisch zu der Artengruppe mit <u>einfachen und gelappten oder gebuchteten Blättern</u>, die auf den Seiten 48–57 behandelt wird. Der anschließende Bild-/Text-Vergleich weist das aufgefundene Laubgehölz als Vertreter der Gattung Ahorn (*Acer*) aus. Berg-Ahorn und Spitz-Ahorn scheiden wegen abweichender Blattformen aus. Das vorliegende, im Umriß eher fünflappige Blatt paßt auch nicht so recht zu den speziellen Kennzeichen des Französischen Ahorns mit seinen dreilappigen Blättern, wohl aber zur Abbildung des Feld-Ahorns auf S. 55. Die eingehende Beschreibung der Blattmerkmale bestätigt die Diagnose. Neben dem Pflanzennamen sowie einigen Gestaltungsmerkmalen erfahren Sie auch ein paar wissenswerte Zusammenhänge zur Ökologie und Bedeutung dieses einheimischen Gehölzes.

Bäume wie im Bilderbuch

Es kann sehr wohl passieren, daß jemand vor Bäumen den Wald nicht sieht. Der umgekehrte Fall dürfte dagegen seltener auftreten. In den Wäldern begegnen uns die natürlichen Lebensgemeinschaften der Gehölzarten. Im Unterschied zu den tropischen Regenwäldern, wo auf engem Raum ein geradezu unglaubliches Gedränge Hunderter verschiedener Arten herrscht, sind die Wälder der gemäßigten Breiten viel einheitlicher und übersichtlicher zusammengesetzt. Im geschlossenen Wald treten bei uns auf weiten Strecken nur wenige und fast immer die gleichen Baumarten auf, wobei es natürlich standörtliche Unterschiede gibt. Ein Stieleichen-Birken-Wald auf Sandböden des Tieflands muß schon naturgemäß andersartig ausfallen als ein Rotbuchen-Wald der Mittelgebirgsregion oder ein Tannen-Mischwald der höheren Gebirgslagen.

Abwechslungsreichtum in das relativ gleichförmige Bild der von geschlossenen Wäldern bedeckten Landschaft brachte erst der Mensch: Die siedlungs- und nutzungsbedingte Auflichtung der zusammenhängenden Waldbestockung schuf Freiflächen, Säume oder ausgedehnte Randbereiche und damit neue, andersartige Lebensraumgefüge. Die Naturlandschaft wurde zur Kulturlandschaft. Darin konnten sich besonders solche Arten ausbreiten, die in den Wäldern zuvor buchstäblich ein Schattendasein führten, so vor allem die verschiedenen Strauchgehölze. An den nunmehr offenen Rainen und Böschungen, entlang von Wirtschaftswegen, in Gebüschen, Hecken, Gehölzstreifen, Strauchinseln und anderen Flurgehölzen bestimmten sie fortan das Erscheinungsbild der Kulturlandschaft. Sie überzogen sie aber auch gleichzeitig mit einem engmaschig geknüpften Netz ökologisch überaus wertvoller Kleinbiotope, die wiederum anderen Arten als Ausbreitungswege dienten. Diese mit zahlreichen Kleinstrukturen aufgelockerte Landschaft empfinden wir als besonders naturnah und erlebenswert. Viele Landschaften werden durch ihre Flurgehölze sogar in besonderem Maße geprägt, etwa die Moränengebiete Schleswig-Holsteins mit ihren weitläufigen Heckensystemen, das nordwestliche Münsterland mit seinen prächtigen, alten Hude-Weiden oder die Hohe Rhön mit ihren charakteristischen, locker eingestreuten Einzelbäumen und Baumgruppen. Vielfach finden sich an markanten Punkten in der freien Flur – an Gabelungen von Wegen, an Kultstätten und Bodendenkmälern – wunderschöne Einzelbäume, die sich im Freistand zu besonders eindrucksvollen Gestalten mit ebenmäßigen, tief herabgezogenen Kronen entwickeln konnten. Die berühmte Bavaria-Buche bei Eichstätt ist geradezu ein Traum von einem Baum. Gehölze durchgrünen und durchgliedern aber auch unsere Siedlungsräume. Die Linde am Brunnen vor dem Tore gehört ebenso dazu wie die hochwüchsige Ulme auf dem Dorfplatz oder der schattenspendende Kastanienbaum im beliebten Biergarten. Leider werden solche Bilderbuchbäume immer seltener. Wie langweilig Landschaft ohne gliedernde, anreichernde, wohltuend ästhetische Wirkung von Gehölzen aussieht, zeigt sich überall dort, wo die Flurbereinigung bis zum Horizont alles weggeräumt hat, was den Blick irgendwie verstellen könnte. Sträucher und Bäume sind ein unentbehrlicher Bestandteil der Umwelt, nicht nur in der Natur-, son-

dern gerade auch in der Kulturlandschaft. Wir brauchen sie in der freien
Flur ebenso wie in den dörflichen
oder städtischen Siedlungskernen.
Wir benötigen die Gehölze aber bei-
leibe nicht nur als grüne Dekora-
tionsartikel oder abwechslungsrei-
che Kulissen für die Landschaft. Zu
vielfältig und unentbehrlich sind
nämlich ihre sonstigen Leistungen
und Wirkungen:
Gehölze bieten wie kaum eine zwei-
te natürliche Struktur Schutz vor
Wind und Wetter. Heckenwände
oder Baumgruppen vermindern
den Winddruck auf Wohngebäude
und bremsen den Ansturm von
Schlagregen. Gehölzstreifen zwischen den Flurparzellen bewahren
empfindliche Saaten vor der Aus-
trocknung durch Wind. Sträucher
und Bäume greifen auch regulie-
rend in den Wasserhaushalt der
Landschaft ein. Mit ihren weitrei-
chenden Wurzeln lockern sie den
Boden, erhöhen dessen Wasserka-
pazität und verhindern das allzu rasche Abfließen von Niederschlags-

Feldholzinseln bestimmen das Bild der
Kulturlandschaft.

wasser. Besonders nachhaltig zeigt
sich die Schutzwirkung von Gehölz-
bewuchs an Bachauen. Wo Weiden
oder Erlen stocken, ist das Bachbett
weitgehend festgelegt. Uferanrisse
und Abschwemmen von wertvollem
Auenboden sind nahezu ausge-
schlossen. Gehölze leisten auch
einen unersetzlichen Beitrag zur
Reinhaltung und Regeneration unserer Luft. Sie sind gleichsam der
sichtbare Ausdruck dafür, wie effek-
tiv sie dabei zu Werke gehen: Für
jedes Kohlenstoffatom, das sie aus
der Luft aufnehmen und in Blatt-
oder Holzbiomasse festlegen, geben sie gleich zwei Sauerstoffatome
an die Atmosphäre ab. Energiequel-
le für diesen einzigartigen Prozeß,
Photosynthese genannt, ist das
Licht. Antennen zum Lichtempfang
sind die Blätter oder die anderen
grünen Teile eines Gehölzes. Eine
ausgewachsene, etwa hundertjähri-
ge und rund 25 m hohe Buche be-

sitzt etwa 200 000 Blätter mit einer Gesamtblattfläche von etwa 1200 Quadratmeter. An einem hellen Sommertag bindet diese Blattmasse rund fünfzehn Kilogramm Kohlendioxid und reichert die Luft umgekehrt mit fast 8000 Liter Sauerstoff an – zweifellos ein grünes Wunder, das nicht nur selbst lebt und produziert, sondern auch anderes Leben ermöglicht. Gehölze sind in unserer Wohn- und Kulturlandschaft unentbehrliche grüne Lungen.

So tragen Sträucher und Bäume (neben den übrigen grünen Pflanzen) spürbar zu unserer Lebensqualität bei. Andererseits machen wir ihnen jedoch das Leben schwer: Mit dem Schlagwort Waldsterben ist in jüngerer Zeit die unbestreitbare Tatsache in die öffentliche Diskussion gebracht worden, daß eines unserer wichtigsten Ökosysteme akut gefährdet ist. Viele direkte und indirekte Belege sind unterdessen zusammengetragen worden, die allesamt darauf hindeuten, daß das Baum- und Waldsterben in weiten Teilen Mitteleuropas durch Schadstoffe in der Luft verursacht wird. Über 3000 verschiedene chemische Verbindungen, darunter Schwefeldioxid, Stickoxide, ungesättigte Kohlenwasserstoffe, Photooxidantien oder Schwermetallstäube, sind als Luftverunreiniger aus den Abgasen von Industrie, Verkehr und Haushalten bekannt.

Wo so viele Einzelfaktoren zusammenkommen, ist eine einheitliche Schadensursache sicherlich nicht klar auszumachen. Das Baum- und Waldsterben wird daher wohl auch als Komplexkrankheit verstanden, bei der verschiedenartige Auslöser gleichzeitig oder nacheinander wirken. Es muß aber auf jeden Fall zu denken geben, wenn Bäume, die seit jeher als Symbole von Wüchsigkeit und Lebenskraft galten, durch Umweltbelastungen so geschädigt werden, daß sie innerhalb kurzer

Baum und Haus gehören zusammen. Gehölze erfüllen auch in der Siedlung wichtige Funktionen.

Zeit absterben. Jeder normal empfindende Mensch wird diesen Zustand unserer Umwelt als beängstigend erleben.

Von Natur aus sind Gehölze, und insbesondere die Bäume, ausgesprochen langlebige Pflanzen. Im Unterschied zu den Kräutern und Stauden, die den größten Teil ihrer jährlichen Produktionsleistung im Herbst wieder aufgeben, legen sie sich einen stabilen, dauerhaften Pflanzenkörper zu, der beeindruckende Kronenkonstruktionen zuläßt. Holz ist der Stoff, aus dem die Bäume sind – ein unglaublich vielseitiger Werkstoff, der vom Dachbalken bis zum Zahnstocher in Gestalt zahlloser Konsumgüter Eingang in das tägliche Leben gefunden hat. Jeder Bundesbürger verbraucht jährlich etwa einen Kubikmeter oder rund 500 Kilogramm Holz, soviel wie in einem Stamm von 15 m Länge und 30 cm Durchmesser steckt.

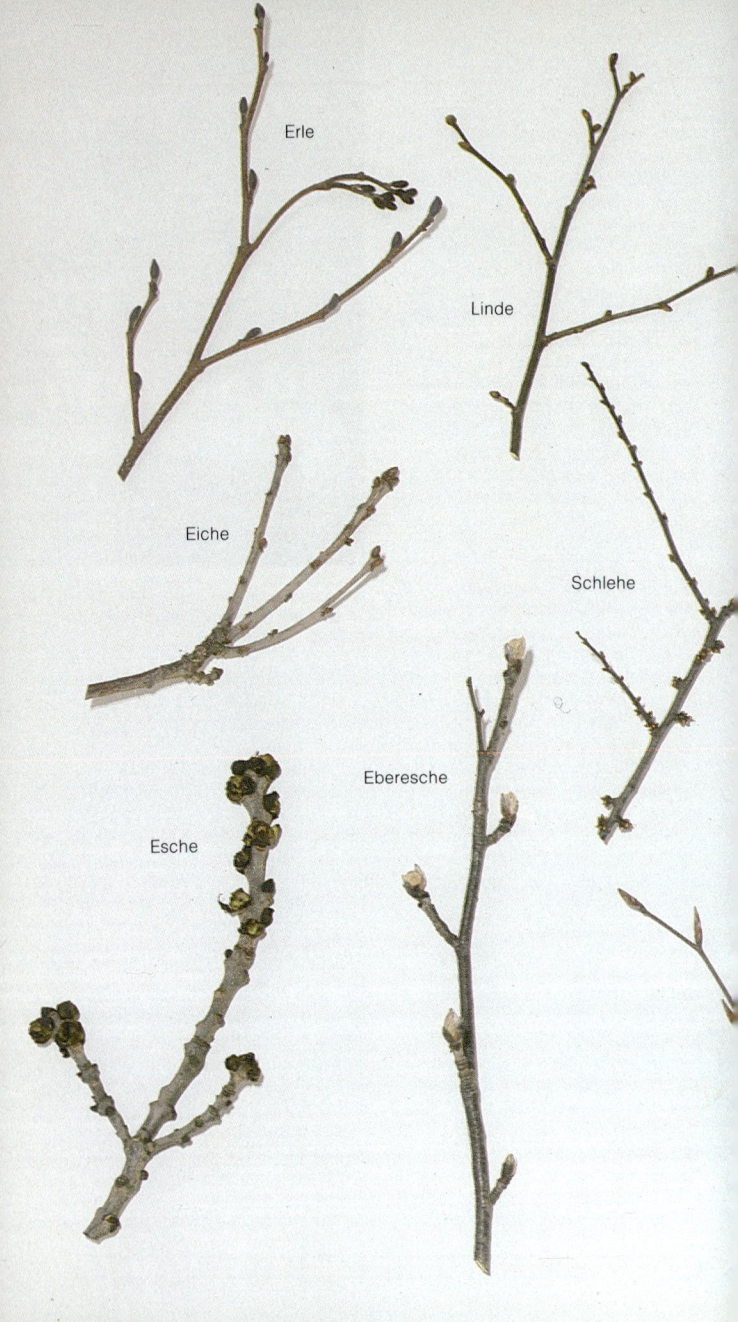

Erle

Linde

Eiche

Schlehe

Eberesche

Esche

Apfelbaum

Spitz-Ahorn

Gemeiner
Schneeball

Wolliger Schneeball

Rot-Buche

Hainbuche

Traubenkirsche

Blatt und Blüte fest verpackt

So einfach und unscheinbar die Winterknospen von Sträuchern und Bäumen vielleicht aussehen mögen, so interessant erweisen sie sich beim genaueren, vertiefenden Hinsehen. In Aufbau und Stellung am Zweig sind sie so grundverschieden und typisch, daß man sie sogar ohne weiteres als Bestimmungsmerkmale für die Gattungs- und Arterkennung verwenden kann. Fast jede Gehölzart zeichnet sich auch im Knospenbereich durch spezielle Merkmale aus. Form, Farbe, Festigkeit, Position am Geäst oder Größenentwicklung sind ausgesprochen variantenreiche Kennzeichen. So sind selbst die winterkahlen Gehölze mit ihrem Knospenbesatz alles andere als eintönig oder langweilig.

Ein besonders wichtiges Knospenmerkmal ist beispielsweise die Anzahl der (äußerlich sichtbaren) Knospenschuppen. Bei Platanen und Weiden ist jeweils nur eine recht große, stärker gewölbte Knospenschuppe sichtbar. Die Blatt- und Blütenanlagen stecken darin wie in einer kapuzenförmigen Tüte. Bei den Erlen ist dieser winterliche „Frischhaltebeutel" dagegen zweiteilig: Von den insgesamt drei vorhandenen sind im geschlossenen Zustand zwei klappig angeordnete Schuppen gut zu unterscheiden. Ferner zeigen gerade die Erlenknospen ein Merkmal, das sonst bei keiner anderen einheimischen Gehölzgattung vorkommt: Die Winterknospen sind deutlich gestielt, während sie bei allen anderen Verwandtschaftsgruppen den Zweigen unmittelbar ansitzen. Ungestielte Knospen mit drei bis vier äußeren Schuppenblättern finden sich zum Beispiel bei unseren Linden. Hier fallen die einzelnen Schuppen zudem sehr ungleich groß aus. Bei der

Gemeinen Esche bilden die einzelnen Knospenschuppen durch ihre regelmäßige gegenständige Anordnung ein sehr hübsches Muster. Außerdem heben sie sich mit ihrer auffallend tiefschwarzen Färbung kontrastreich von der hell olivgrauen Rinde ab.

Bei der Mehrzahl der übrigen einheimischen Bäume besteht die Knospenhülle fast immer aus vier oder fünf Einzelschuppen. Bei solchen vielschuppigen Gebilden, wie man sie etwa bei Buche, Hainbuche, Ahorn, Eiche oder Birke findet, überlagern sich die Einzelteile gegenseitig wie Dachziegel. Dabei sind wiederum verschiedene Musterbildungen zu beobachten: Entweder ergeben sich aus der Anordnung senkrecht verlaufende Geradzeilen oder versetzte Schrägzeilen. Durch Fransenbesatz werden in manchen Fällen die Schuppenränder wasserabweisend aufgelockert, und bei der Roßkastanie dient ein zäher, klebriger Leimüberzug der Versiegelung der einzelnen Knospenschuppen. Es gibt übrigens auch einige Gehölze, die die Knospen überhaupt nicht abdichten oder verschließen: Unsere Holunder-Arten haben offenstehende, zum Teil sogar weit klaffende Knospen, aus denen selbst mitten im Winter die Blattanlagen hervorschauen. Und in wenigen Fällen geht es sogar völlig ohne Knospenschutz: Die Flügelnuß, die im Sommerhalbjahr über halbmeterlange, gefiederte Blätter trägt, hält sie während der Wintermonate völlig hüllenlos in Warteposition.

Unerwartet abwechslungsreich sind eigentlich auch die Knospenfarben. Schwärzliche oder dunkelbraune Tönungen kommen zwar vor, beherrschen aber gewiß nicht das Terrain. Mindestens ebenso häufig sind die Blatt- und Blütenknospen auch

Endständige Winterknospe des Berg-Ahorns.

In der Knospe sind sämtliche Blätter für das Frühjahr fertig angelegt.

kräftig grün (Berg-Ahorn), purpurrot (Spitz-Ahorn), karminrot (Ohr-Weide), gelb (Bruch-Weide), violettrot (Holländische Linde), gelbgrün (Silber-Linde) oder blauviolett (Grau-Erle). Dazu können sie entweder wie glänzend poliert (Speierling), matt (Hainbuche), silbrig behaart (Silber-Weide) oder weißwollig (Silber-Pappel) ausfallen.

In seltenen Fällen kann man am winterkahlen Gezweig überhaupt keine Knospen entdecken. Das betreffende Gehölz muß aber dennoch nicht abgestorben sein: Bei der Robinie sind die Knospen tief unter den Blattpolstern des Vorjahres verborgen und deswegen von außen nicht sichtbar.

Oft lassen sich am Gezweig End- und Seitenknospen unterscheiden, die in Form und Größe mitunter erheblich voneinander abweichen. Gewöhnlich wird die Endknospe nämlich auf Kosten der untergeordneten Seitenknospen in der Ent-

wicklung sichtlich gefördert. Darin drückt sich die subtile Wirkung verschiedener Pflanzenhormone aus, die auch diesen Bereich des Wachstumsgeschehens an Strauch oder Baum wirksam kontrollieren. Erst wesentlich weiter unten am Zweig oder Ast treten wieder Knospen von vergleichbarer Größe wie am Zweigende auf. Ihren Entwicklungsrückstand holen die Seiten- oder Beiknospen gegebenenfalls jedoch rasch auf. Geht die dominante Endknospe verloren, übernimmt die nächstgelegene Seitenknospe deren Funktion. Beim Ahorn oder bei der Roßkastanie kann man solche Zusammenhänge sehr klar verfolgen.

Nicht selten fallen an den Knospen desselben Zweiges auch erhebliche Formunterschiede auf. In solchen Fällen enthalten sie gewöhnlich getrennte Blatt- und Blütenanlagen. Beispiele sind Erle, Birke, die Walnuß oder der Gelbe Hartriegel.

Spitz-Ahorn

Hainbuche

Weide

Roter Holunder

Schlehe

Stiel-Eiche

Trauben-Kirsche

Feld-Ahorn

Lärche

Esche

Blütenpracht an Strauch und Baum

Der Ausdruck Schwefelregen bezeichnet nicht etwa die sauren Niederschläge, die unseren Wäldern so sehr zu schaffen machen, sondern den in den Frühjahrs- und Frühsommerwochen wie Schwefelstaub in Unmengen niedergehenden Pollen unserer Nadelbäume. Oft kann man die Quelle dieses Massenversandes von Blütenstaub nicht einmal unmittelbar sehen, denn die Blüten vieler einheimischer Nadelgehölze entwickeln sich nur weit oben in der Wipfelregion. Bei einigen anderen Arten, beispielsweise bei der Berg-Kiefer oder bei den Lärchen, sitzen sie schon eher in Augenhöhe. Fast immer sind sie jedoch im Vergleich zu den Blüten der Obstbäume oder Ziersträucher in Parks und Gärten eher unauffällig.

Die Blüten der Nadelbäume sind immer eingeschlechtig, entweder rein weiblich oder rein männlich. Die weiblichen Blüten sind gewöhnlich zu kleinen, zapfenförmigen Gebilden zusammengefaßt, die als Blütenstand gedeutet werden. Bei den Vertretern der Kieferngewächse sind sie immer rötlich überlaufen und bilden daher zum Grün der Benadelung einen hübschen Farbkontrast. Die männlichen Blüten sehen ebenfalls zapfenförmig aus, bilden jedoch keinen Blütenstand, sondern eine aus vielen Pollensäcken zusammengesetzte Einzelblüte.

Die Pollenübertragung von den männlichen zu den weiblichen Blüten erfolgt nach einem denkbar einfachen Prinzip: Statt die Pollen einem tierischen Blütenbesucher zu überantworten und von Blüte zu Blüte tragen zu lassen, streuen die Nadelhölzer ihre Pollenmassen einfach in den Wind. Da der Wind jedoch ein etwas unzuverlässiger und schon gar nicht zielsicher arbeitender Transporteur ist, müssen zur Er-

höhung der Trefferquote riesige Pollenmengen auf den Weg gebracht werden. Zwei Gründe erklären, warum die Nadelhölzer gerade diese Strategie verfolgen und bis heute beibehalten haben. Erstens stammen sie aus einer Zeit (Erdmittelalter), als für eine andere Form als Windbestäubung noch gar keine Möglichkeiten bestanden, und zum anderen bilden die meisten Nadelhölzer in der Natur so große, ausgedehnte Vorkommen, daß gar nicht genügend Bestäuberinsekten oder andere pollenübertragende Tiere zur Verfügung stehen können.

Die Windblütigkeit bzw. Windbestäubung wird von vielen einheimischen Laubgehölzen beibehalten. Bei den waldbildenden Bäumen wie Buche, Hainbuche oder Eiche mögen dafür ähnliche ökologische Gründe ausschlaggebend sein wie bei den Nadelbäumen. Bei unseren Erlen oder bei der Hasel liegt es vielleicht auch daran, daß der Blühtermin bereits in den Spätwinter oder Vorfrühling fällt, wo üblicherweise noch nicht allzu viele Bestäuberinsekten unterwegs sind. Bei einem blühenden Haselstrauch läßt sich sehr eindrucksvoll nachweisen, daß die Windbestäubung tatsächlich nur mit einem gewaltigen „Männerüberschuß" funktionieren kann: Auf Dutzende gelber, pollenstreuender Kätzchen, die ihrerseits aus etlichen Einzelblüten bestehen, kommt jeweils nur eine knospenförmige weibliche Blüte, die ihre karminroten Narben weit in den Luftraum reckt, um vom Pollenflug erreicht zu werden.

Tiere, die für die Bestäubung eingesetzt werden – in unseren Breiten fast ausschließlich Insekten –, verschleppen die Pollen natürlich nicht uneigennützig von Blüte zu Blüte. Sie verrichten diesen Dienst nur,

Weiblicher Blütenstand der Berg-Kiefer, bestäubungsbereit.

Nektarreiche Scheibenblüte des Spitz-Ahorns.

weil für sie damit klare Vorteile verbunden sind, nämlich Nahrungsangebote. So finden sich folgerichtig schon an den einfachsten Blüten, die tierische Gäste empfangen, auch Nektardrüsen, die mit dem Bestäubungsvorgang selbst überhaupt nichts zu tun haben. An den männlichen und weiblichen Blüten unserer Weiden kann man die einzeln oder in Zweizahl vorhandenen Nektarien gut erkennen. Der Nektar ist neben der Pollentracht ein sehr wirksames Lockmittel, um die eifrigen Insekten auch tatsächlich auf Kurs zu halten. Sehr üppig sind die Blüten von Spitz-oder Berg-Ahorn mit Nektardrüsen ausgestattet. Die flachscheibenförmig ausgebreiteten Blüten sind wie Kompottschüsseln mit dem begehrten Nektar angefüllt – blühende Ahorn-Bäume

sind daher hervorragende Trachtpflanzen für Bienen.

Bei unseren Linden kann man beobachten, daß neben der Nektarproduktion noch ein weiteres Lockmittel mit großem Erfolg eingesetzt wird, nämlich süßlicher Duft. Lindenblüten produzieren vor allem abends und nachts Nektar und Blütenduft, zeigen damit also eine gewisse Vorliebe für nachtfliegende Insekten, die das Blütenparfüm als Richtungsweiser zu den Nektarquellen benötigen.

Schließlich veranstalten tierblütige Arten auch noch ein bemerkenswertes optisches Spektakel mit auffällig geformten und gefärbten Blüten. In der heimischen Gehölzflora sind dies vor allem die Vertreter der Rosengewächse und Schmetterlingsblütler.

Sanddorn

Ahorn

Eberesche

Berberitze

Esche

Platane

Roßkastanie

Weißdorn

Schlehe

Linde

Schwarzer Holunder

Rot-Buche

Pfaffenhütchen

Hecken-Rose

Roter Hartriegel

Haselnuß

Eiche

Gemeiner Schneeball

Liguster

Zu Wasser, zu Lande und durch die Luft

Ähnlich wie bei der räumlichen Verteilung der Blütenpollen wirken auch an der Verbreitung der Samen und Früchte der Wind und verschiedene Tiergruppen mit. Je nachdem welcher Weg genommen werden soll, sind seitens der Pflanzen natürlich sehr unterschiedliche Konstruktionen und Anpassungen erforderlich. Für die Windverbreitung durch die Luft müssen die Samen oder Früchte in gewissem Maße schwebe- oder sogar flugfähig sein. Tatsächlich reichen die entsprechenden konstruktiven Lösungen hier vom Fliegenden Teppich über Deltagleiter und Propeller bis hin zur Wurfscheibe. Eine überaus gelungene Lösung sind beispielsweise die Flügelfrüchte des Ahorns oder der Esche, die als Schraubenflieger nach dem Hubschrauberprinzip auf die Reise gehen. Nachdem sie sich aus dem Verband des Fruchtstandes gelöst haben und etwa 30 cm gefallen sind, beginnen die Drehbewegungen mit rund 16 Umdrehungen in der Sekunde, und die Frucht sinkt langsam weiter.

Und genau diese Verzögerung des freien Falls ist der entscheidende Trick, denn für eine wirksame räumliche Verbreitung reicht ein Landemanöver direkt unter dem Baum ja nicht aus. Die notwendige horizontale Verdriftung leistet der Wind. Praktischerweise lösen sich die Flügelfrüchte erst ziemlich spät im Herbst vom Baum, wo frische Brisen oder sogar stürmische Winde zum normalen Wetterablauf gehören. Ein paar hundert Meter können dabei leicht überwunden werden. Ähnlich verhalten sich auch die Linden-Arten. Hier segelt jedoch nicht die Einzelfrucht, sondern gleich ein ganzer Fruchtstand am ehemaligen Tragblatt des Blütenstandes davon. Bei den Nadelhölzern haben sich die Samen das gleiche Prinzip zunutze gemacht. Interessant ist, daß sich die Propellerprofile eines Fichtensamens und einer Ahornfrucht in vielen Details gleichen.

Im Vergleich zu den Flügelfrüchten von Ahorn oder Esche sind die schmal umsäumten Nüßchenfrüchte der Birke richtige Leichtgewichte. Sie können daher auch wesentlich weiter verbreitet werden. Wie zuverlässig die Ausstreuung funktioniert, beweist schon allein die Tatsache, daß Birken überall auf Waldlichtungen und Brachflächen, in aufgelassenen Steinbrüchen und Kiesgruben fast flächendeckend als Pioniergehölze in Erscheinung treten. Sie dominieren dort so lange, bis andere Gehölzarten mit weniger raumgreifenden Mitteln ebenfalls zugewandert sind.

Überaus verbreitungsfreudig sind auch unsere Weiden- und Pappel-Arten. Aus ihren Kapselfrüchten drängen Unmengen sehr kleiner, extrem leichtgewichtiger und zudem mit feinen Flughaaren ausgestatteter Samen. Oft bleiben sie im Verbund zusammen und driften mit lauen Frühsommerwinden in flockigen Massen umher. Die Reichweite dieser fliegenden Verbreitungseinheiten ist beachtlich – mehrere Kilometer dürften wohl die Regel sein. Neben Birken findet man daher stets auch Zitter-Pappel, Sal-Weide oder andere Vertreter der Weidengewächse unter den Pioniergehölzen auf Brachland. Die Flugsamen der Weiden sind sogar schwimmfähig. So können sie auch durch Fließgewässer oder Oberflächenströmungen von stehenden Gewässern an besiedlungsfähige Uferpartien verschleppt werden, wo sie – ebenso wie die Erlen – gegenüber anderen Gehölzen ohnehin im Konkurrenzvorteil sind.

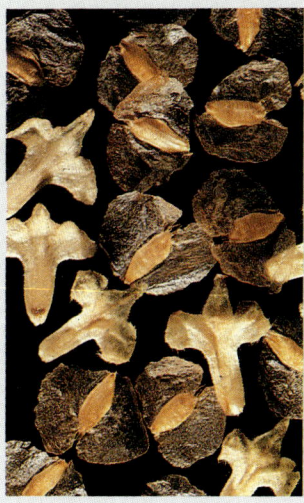

Die Flügelnüßchen mit Tragblättern der Weiß-Birke – eine superleichtgewichtige pflanzliche Luftflotte.

Die einladende Farbe der Feuerdorn-Apfelfrüchte haben ihre Wirkung erzielt, wie die Schnabelmarken zeigen.

Bucheckern, Haselnüsse, Eicheln oder Kastanien können von Wind oder Wasser nicht wirksam verbreitet werden. Sie gehören zur Kategorie der Plumpsfrüchte, die in jedem Fall auf tierische Mithilfe angewiesen sind. Kleinsäuger und größere Vögel machen sich über die Ernte her und legen unentwegt Depots an. Eichelhäher gehen dabei besonders eifrig zu Werk. Sie legen in jedem Herbst bis zu 1000 Verstecke mit mehreren Früchten und Samen bevorzugt an offenen, lichten Stellen an. Etliche dieser Vorräte werden während des Winters aufgesucht und verbraucht. Ein Großteil der Depots bleibt jedoch unberührt, so daß die Samen eine gute Keimchance haben. Für die Naturverjüngung des Waldes ist dieser Sammeltrieb der Tiere von allergrößter Bedeutung. Gleichzeitig ist damit auch eine weitgestreute räumliche Verteilung der Samen garantiert.

Die weitaus meisten einheimischen Strauchgehölze und eine ganze Reihe von Baumarten entwickeln saftige Beeren- oder Steinfrüchte, die zur Reifezeit mit besonderen Farben ausgestattet werden. Die oft sehr auffällige Ausfärbung der Früchte kann kein Zufall sein, sondern muß wohl als hochwirksames Signal an die Adresse von Konsumenten, vor allem an früchtesammelnde Vögel, verstanden werden. Bezeichnenderweise prangen ausgereifte Beeren- und Steinfrüchte sehr oft in knalligen Rottönen am Geäst und damit in so gänzlich anderen Farbstellungen als Blüten. Dies hat durchaus einen Grund: Insekten, insbesondere Bienen, sind für rote Farbwerte wenig empfänglich. Vogelaugen sind dagegen gerade im Rotbereich hervorragend ansprechbar. Ebenso steht es um die spektralen Vorlieben von Kleinsäugern, die sich gerne über saftige

teil pflanzlicher Verbreitungsstrategien. Die appetitlichen Früchte werden den hungrigen Tieren gleichsam direkt zum Fraß vorgeworfen mit dem Ziel, daß die unverdaulichen Samen nach dem Passieren des Darmes irgendwo in größerer Entfernung abgesetzt werden. Dieses Verfahren garantiert enorme Ausbreitungserfolge, wie etwa die rasche Ansiedlung von Holunder, Heckenkirsche oder Hartriegel an Böschungen oder unbewirtschafteten Säumen zeigt. Ohne pflanzenfressende Tiere könnten die Pflanzen paradoxerweise überhaupt nicht überleben.

Manche Früchte sind nach der Reife in den Herbstwochen noch relativ wenig schmackhaft. Dazu gehören mit Sicherheit die sehr gerbstoffhaltigen Schlehenfrüchte, aber auch die so dekorativen Apfelfrüchte von Zwergmispel, Felsenbirne oder Weißdorn. Zunächst werden diese Früchte von den Vögeln kaum angenommen und bleiben daher als sogenannte Wintersteher noch etliche Wochen am Gezweig. Nachdem jedoch die ersten knackigen Fröste eingetreten sind und die störenden Inhaltsstoffe der Wintersteherfrüchte durch chemischen Umbau entschärft haben, werden sie von umherstreifenden Vögeln nach und nach verputzt. Die Wintersteher unter den heimischen Gehölzarten, insbesondere die Strauchgehölze, sind deshalb auch in der kalten Jahreszeit von nicht zu unterschätzender ökologischer Bedeutung – ein Grund mehr, die Anpflanzung geeigneter Hecken- und Flurgehölze mit allen Kräften zu fördern.

Nicht alle Früchte, die verlockend aussehen und etwa von Vögeln ausgezeichnet vertragen werden, sind auch für den menschlichen Verzehr geeignet. Eine Reihe einheimischer Wildfrüchte ist giftig, weshalb bei der eigenen Ernte eine kritische Auslese notwendig ist.

Früchte hermachen. So wundert es nicht, daß reife Früchte am Gehölz nicht lange unentdeckt bleiben. Ihre plakative Färbung zeigt somit Wirkung.

Dem gleichen Zweck dient erstaunlicherweise auch die blaugraue Bereifung mancher Früchte, die uns zunächst eher wie eine Tarnfarbe vorkommt. Tatsächlich reflektieren die Wachsschichten auf der Fruchtschale jedoch besonders gut die kurzwelligen Anteile aus dem Sonnenlicht, und darauf sind – wie neuere Forschungen ergeben haben – wiederum gerade die Vogelaugen besonders gut abgestimmt. Bereifte Früchte in gedämpft erscheinenden Blau- oder Blauschwarztönen erscheinen den umherziehenden Vögeln daher als besonders leuchtende und verlockende Objekte. So finden den eben auch die Früchte von Efeu, Kreuzdorn, Faulbaum, Schlehe und vielen anderen Arten lebhaften Zuspruch. Alle diese Vorkehrungen, die Ausstattung mit saftigem Fruchtfleisch und die spezielle farbliche Ausgestaltung, sind fester Bestand-

Oregonzeder

Scheinzypresse

Lebensbaum

Waldkiefer

Eibe

Wacholder

Fichte

Zirbel-Kiefer

Weymouths-Kiefer

Koreatanne

Hemlocktanne

Lärche

Zapfenzier am Nadelzweig

Obwohl sie dem gleichen Zweck, nämlich der Vermehrung der Art, dienen, darf man die Zapfen unserer Nadelbäume mit den Beeren-, Stein-, Nuß- oder Kapselfrüchten der Laubgehölze nicht unmittelbar vergleichen. Zapfen sind nicht einfach die Früchte der Nadelgehölze, sondern sozusagen eine entwicklungsgeschichtliche Vorstufe dazu. Alle nadel- oder schuppenblatttragenden Gehölze, die in diesem Buch vorgestellt werden, gehören nämlich zu den Nacktsamern (Gymnospermen), während die mit flächigen Laubblättern ausgestatteten Arten mit Ausnahme des Ginkgobaumes zu den Bedecktsamern (Angiospermen) gestellt werden. Nacktsamer sind im Grunde genommen noch recht urtümliche, vergleichsweise einfache Pflanzen. Sie entwikkelten sich vor rund 300 Millionen Jahren aus den Farnpflanzen und prägten für rund 200 Millionen Jahre nahezu ausschließlich das Vegetationsbild der Erde. Ihre Bezeichnung rührt daher, daß die Samenanlagen auf den Samenschuppen offen und zugänglich angebracht sind, während sie bei den Bedecktsamern von den zum Fruchtknoten verwachsenen Fruchtblättern vollkommen eingehüllt werden. Sollen zur Reifezeit die Samen aus einem Zapfen entlassen werden, so genügt es, daß die Zapfenschuppen sich bei der Trocknung ein wenig auseinanderspreizen und den Weg freigeben. Bei einer Frucht müßte dazu in jedem Fall die Fruchtwand durch Aufreißen oder Zerlegen geöffnet werden. Nacktsamigkeit bedeutet indessen nicht, daß man die Samenanlagen auch immer von außen sehen kann. Gewöhnlich sorgt die Anatomie des Zapfens schon dafür, daß sie nicht an ungeschützter Stelle, sondern nahe der Zapfenachse geborgen liegen. Eine zähe Harzversiegelung der Schuppen sorgt beim unreifen Zapfen für zusätzlichen Abschluß von der Außenwelt.

Einen Zapfen darf man aus den genannten Gründen nicht als Fruchtstand bezeichnen – er stellt einen Samenstand dar. Je zwei geflügelte, ölreiche Samen gehen aus einer Einzelblüte hervor, zu der jeweils eine Samenschuppe und ihr Tragblatt, die Deckschuppe, gehören. Diese beiden Schuppentypen sind bei verschiedenen Verwandtschaftskreisen durchaus unterschiedlich entwickelt. Bei den Fichten und Kiefern verwachsen die Deckschuppen mit den später sehr massiven Samenschuppen und sind am reifen Zapfen nicht mehr getrennt erkennbar. Bei den Tannen und Douglasien ragen die schmalen, in Zipfel auslaufenden Deckschuppen sichtbar zwischen kräftigeren, breiten Samenschuppen vor. Die Zeit von der Blüte bis zur Samen- bzw. Zapfenreife dauert bei Tannen, Fichten und Lärchen vom Frühsommer bis zum Herbst des gleichen Jahres. Andere Gattungen lassen sich mit der Zapfenreife erheblich mehr Zeit. Bei Kiefern und Zedern dauert es mindestens zwei, mitunter sogar drei Jahre bis zur Reife, die fast immer in die Herbstmonate fällt. Aber selbst dann werden die Samen noch nicht unbedingt freigesetzt, denn anhaltend feuchte Witterung verhindert die Öffnungsbewegung der verholzten Schuppen, die durch Trocknung der Zapfen ausgelöst wird. Somit fällt die Samenernte nicht allzu schlagartig aus, sondern verteilt sich über einen längeren Zeitraum. Die samenfressenden Tiere, Kleinsäuger und Vögel, profitieren davon.

Unreifer Zapfen der Berg-Kiefer (vgl. Bild S. 19). Links.

Die Zypressengewächse (im Bild Morgenländischer Lebensbaum) entwickeln Zapfen mit nur wenigen Schuppen. Rechts.

Recht unterschiedlich gestaltet sich auch das Schicksal der reifen Zapfen. Fichten- und Kiefernzapfen sitzen, nachdem die Samen ausgeschüttet wurden, eventuell noch mehrere Monate am Geäst und lösen sich dann erst als Ganzes ab. Fichtenzapfen lassen allerdings einige Basisschuppen an ihrer Anheftungsstelle zurück. Die Zapfen von Tannen und Zedern kommen gleichsam portionsweise vom Baum – sie lösen sich in ihre Schuppenbestandteile auf. Nur die starre Zapfenspindel ist ziemlich anhänglich und bleibt oft noch jahrelang zurück.

Während die Stein- oder Beerenfrüchte der einheimischen Laubgehölze fast alle der gleichen Größenklasse angehören und in etwa erbsengroß werden, kommen bei den verschiedenen Nadelgehölzen sehr unterschiedliche Zapfengrößen zusammen. Ein sehr beachtliches Formen- und Größenspektrum bieten schon allein die Kiefern-Arten. Während die einheimische Wald-Kiefer mit ihren ungefähr 5 cm langen, leicht einwärts gekrümmten Zapfen eher am unteren Ende der Größenskala steht, zeigt die aus Nordamerika eingeführte Weymouths-Kiefer Zapfen bis über 20 cm Länge. Eine nordamerikanische Verwandte, nämlich die Zucker-Kiefer (*Pinus lambertiana*), bringt es sogar auf Zapfen von 50 cm Länge.

Ungewöhnlich klein fallen die Zapfen der Zypressengewächse aus, etwa der Lebensbäume und Scheinzypressen. Sie bestehen fast immer nur aus wenigen, kugelig angeordneten Einzelschuppen. Ausnahmsweise können einzelne Samenschuppen eines solchen Zapfens auch saftig werden wie beim Wacholder. Die sehr aromatischen, blauschwarzen Wacholder-,beeren' sind keine Früchte, sondern Beerenzapfen – eine erstaunliche Parallelentwicklung zu den echten Beerenfrüchten der Bedecktsamer.

Rinde – das Antlitz der Gehölze

Auch Sträucher und Bäume besitzen eine Haut, die sie nach außen abschottet, vor gefährlichen Wasserverlusten schützt und unerwünschte Eindringlinge, wie Pilzsporen oder Bakterien, fernhält. Wir nennen diese Pflanzenhaut Rinde. Mit unserer eigenen Haut teilt sie mancherlei Eigenschaften. So ist sie beispielsweise durchaus verletzlich. Wenn sie mechanisch stärker geschädigt wird, reagiert das betroffene Gehölz mit Wachstumsstörungen oder sogar mit Absterben.

Besonders sensibel ist der gesamte Rindenbereich aus mehreren Gründen. Einerseits befindet sich nur millimetertief unterhalb der Rinde das aktive Wachstumsgewebe (Kambium) der Zweige und Äste, von dem das Dickenwachstum der Gehölze ausgeht und das Störungen oder Schädigungen nicht besonders gut ausgleichen kann. Andererseits liegen oberflächennah unter der Rinde auch die hochgradig spezialisierten Leitbahnen für die stoffliche Versorgung der Pflanzenteile. Bei einigen Gehölzarten wird das wertvolle Transportgut aus diesem Stoffleitsystem sogar für die menschliche Ernährung genutzt: Vor allem im Frühjahr werden die Siebröhren durch Anschnitt freigelegt, so daß der zuckerhaltige Blutungssaft hervortritt. Die nordamerikanischen Indianer versorgten sich auf diese Weise mit Ahorn-Sirup und gaben diese Technik an die weißen Siedler weiter. Zeitweise wurde die Zuckergewinnung auf diesem Wege auch mit dem einheimischen Spitz-Ahorn oder mit der Weiß-Birke versucht.

Außer der Abdichtung der Sproßachse fallen der Rinde noch weitere Aufgaben zu. Es ist beispielsweise denkbar, daß sich ein Gehölz auf sommertrockenem Standort eigentlich keine großflächigen Blätter leisten darf, um nicht die eigene Wasserbilanz in gefährliche Grenzbereiche zu bringen. In diesen Fällen werden die Blätter sehr stark reduziert oder sogar völlig abgelegt. Die Zweigrinde muß nun die Stoffproduktion durch Photosynthese übernehmen. Sie ist daher kräftig grün und funktioniert genauso wie ein Blatt – nur mit einem wesentlich größeren Volumen im Verhältnis zur Oberfläche und deshalb viel geringeren Wasserverlusten durch Verdunstung. Viele Rutensträucher, darunter auch der einheimische Besenginster, zeigen diese ökologisch ganz findige Strategie.

Wenn die Berindung nicht unverzichtbar an der Stoffproduktion beteiligt ist, wechselt ihre Färbung meist von Grün zu dunkleren Farbstellungen, gewöhnlich zu kräftigen Rot-, Braun- oder Grautönungen, an jüngeren Zweigen eventuell noch überlagert von wachsiger Bereifung oder stärkerer Behaarung. Auch diese besonderen Merkmale sind als ökologische Anpassungsleistungen zu verstehen, denn sie dienen letztlich der Absorption und Reflexion allzu starker Sonneneinstrahlung. Bezeichnenderweise kann man an vielen Ästen und Zweigen beobachten, daß sie auf der Sonnenseite besonders kräftig ausgefärbt sind. Solcher Strahlenschutz ist besonders im winterkahlen Zustand wichtig, wo die beschattende Belaubung fehlt. Bei vielen Arten finden wir deshalb gerade in den Herbst- und Wintermonaten eine auffallend intensive Rindenfärbung.

Eine weitere Schutzfunktion der Rinde ist meist nicht direkt erkennbar, aber dennoch von Bedeutung. Sie betrifft die Inhaltsstoffe des Rindengewebes: In die äußeren Gewebe-

Zweig der Rot-Buche mit Lentizellen und zahlreichen Blattnarben.

Abgenadelter Fichtenzweig – mit seinen höckerigen Nadelpolstern rauh wie eine Feile.

schichten werden nicht selten Abwehrstoffe von abstoßend-bitterem Geschmack oder anderer Wirkung eingelagert. Sie sollen Pflanzenfresser, die die Zweige attackieren könnten, gleich beim ersten Versuch wirksam abschrecken. Einen absolut sicheren Fraßschutz bieten diese Stoffe allerdings nicht, doch grenzen sie den Kreis der Konsumenten auf jeden Fall spürbar ein. Die Inhaltsstoffe zum Beispiel von Eichen-, Weiden- oder Faulbaumrinden weisen recht interessante pharmakologische Wirkungen auf und werden daher auch arzneilich genutzt.

Die Dichtigkeit des Rindengewebes gegen vermeidbare Wasserverluste bringt für die Zweige und Äste auch einige Probleme mit sich. So verhindert die abschottende Außenhaut ja nicht nur die Wasserabgabe, sondern auch den Zutritt des lebensnotwendigen Sauerstoffs. Dagegen müssen also spezielle Vorkehrungen getroffen werden. Man kann sie

auf den Rinden fast aller Gehölze in Form kleiner, warziger Öffnungen (= Lentizellen) erkennen, die – heller oder dunkler als ihre Umgebung – immer auch zur Musterbildung beitragen.

Zum typischen Erscheinungsbild der Zweigrinden gehören auch die Blattnarben, die die in den Vorjahren abgeworfenen Blätter zurückgelassen haben. Bei manchen Bäumen, etwa bei Esche und Roßkastanie, sind sie besonders groß. Mitunter treten daneben noch weitere, kommaförmig geschwungene Marken auf. Sie kennzeichnen die Ansatzstellen früherer Nebenblätter. Wenn die Blattmarken an einem Trieb in dichter Folge hintereinanderstehen, bilden sich komplizierte Muster der vergangenen Blattgenerationen aus, mit deren Hilfe man sogar das Alter eines Zweiges ermitteln kann. Zudem zeigt sich darin, daß eine neue Blattgeneration immer in der Achsel ihrer Vorgänger angelegt wird.

Laubhölzer

Rote Heckenkirsche
Lonícera xylósteum
Geißblattgewächse
Caprifoliaceae

Erscheinungsbild: Sommergrüner, aufrechter, etwa 1–3 m hoher Strauch, von Grund auf reich verzweigt und ziemlich breitwüchsig, mit dünnen, anfangs leicht samtig behaarten Zweigen ohne Stachel oder Dornen.

Blattmerkmale: Einfach, gegenständig, kurz gestielt, mit glattem Blattrand, bis etwa 6 cm lang und 5 cm breit, am Grunde abgerundet, vorne wenig spitz zulaufend, elliptisch bis fast kreisrund, oberseits graugrün, unterseits heller und anliegend behaart, von scharfem Geschmack.

Weitere Kennzeichen: Blüten gelblich-weiß, paarweise kurz gestielt in den Blattachseln, Blütenkrone zwei-lippig. Beeren mit vier Samen, glasig, scharlachrot, kugelig, etwa erbsengroß, ungenießbar und leicht giftig (Brechreiz).

Blütezeit: V—VI, Früchte ab VII.

Vorkommen: Vor allem auf trockeneren, kalkhaltigen Böden in lichten Wäldern und Gebüschen, im Gebirge bis etwa 1600 m.

Wissenswertes: Gelegentlich als Ziergehölz angepflanzt, besonders wertvoll in Vogelschutzgehölzen (Nistmöglichkeit, Beerennahrung, Ruhe- und Schutzplatz). Die duftenden Blüten werden von Schmetterlingen (Schwärmer) angeflogen.

Verwandte Arten: Die Wald-Heckenkirsche (*Lonicera periclymenum*) ist ein rechtswindender Kletterstrauch. Die Schwarze Heckenkirsche (*Lonicera nigra*) hat rosa Blüten und schwarze, bereifte Beerenfrüchte. Sie kommt in Gebirgswäldern vor.

Roter Hartriegel
Córnus sanguínéa
Hartriegelgewächse
Cornaceae

Erscheinungsbild: Sommergrüner, mittelgroßer Strauch mit aufsteigenden, rundlichen, ästigen Zweigen, etwa 2–5 m hoch, selten auch kleiner Baum. Zweigrinde auf der Sonnenseite und im Winter rot oder rotbraun (namengebendes Merkmal).
Blattmerkmale: Einfach, gegenständig, glattrandig, auf kurzem, oberseits rinnigem Stiel, am Grunde abgerundet, vorne spitz, oberseits heller grün, unterseits mallgrün, auf den 3–4 bogig verlaufenden Seitenadern behaart. Im Herbstaspekt sehr schön weinrot.
Weitere Kennzeichen: Blüten 4zählig in vielblütigen Schirmrispen mit weißen Kronblättern, Duft fischähn-

lich. Steinfrucht kugelig, anfangs grünlich-rot, zur Reifezeit schwarzblau. Ungenießbar.
Blütezeit: V–VI. Früchte ab IX.
Vorkommen: Häufig in Gebüschen von Auen oder auch auf trockeneren Hängen. Im Bergland bis 1200 m. Ökologisch vielseitig.
Wissenswertes: Der Name Hartriegel bezieht sich auf die beachtliche Festigkeit des harten, weißen Holzes, das gelegentlich für Drechslerarbeiten verwendet wurde. In Heckenpflanzungen breitet sich die Art auch durch Ausläufer ziemlich schnell aus, daher auch als Bodenfestiger geeignet. Sehr gute Deckungspflanze, Vogelnahrung.
Verwandte Arten: Der Gelbe Hartriegel oder Kornelkirsche (*Cornus mas*) blüht lange vor dem Laubaustrieb und besitzt rote Steinfrüchte (Bild unten rechts).

Mistel
Víscum álbum
Mistelgewächse
Loranthaceae

Erscheinungsbild: Wintergrüner, kugeliger Strauch bis etwa 1 m Durchmesser auf Laub- oder Nadelbäumen. Eigentlicher Stamm relativ kurz und dick, meist reich mit gelblich-grünen, leicht abbrechenden Gabelästen besetzt. Wird etwa 50–70 Jahre alt. Halbparasit.

Blattmerkmale: Einfach, gegenständig, sitzend, lederig-derb, parallelnervig, länglich-zungenförmig, beiderseits gleichfarbig gelbgrün, etwa 5 cm lang und um 1 cm breit, vorne stumpf, keine Umfärbung, fällt nach etwa 15 Monaten grün vom Strauch.

Weitere Kennzeichen: Zweihäusiger Strauch mit deutlichem Überschuß weiblicher Pflanzen, Bestäubung durch Fliegen und Wind. Blüten unscheinbar. Die weißliche Scheinbeere enthält ein außerordentlich zähklebriges Fruchtfleisch.

Blütezeit: III–V, Früchte ab XI.

Vorkommen: Meist nur in relativ wintermilden Lagen von der Ebene bis ins Hügelland, ausnahmsweise auch im Bergland bis etwa 1300 m.

Wissenswertes: Von der in Mythologie und Brauchtum (Druiden, Asterix, Weihnachten) fest verankerten Mistel werden drei Unterarten unterschieden: Die in den Bildern gezeigte Laubholz-Mistel wächst nur auf Bäumen wie Pappeln, Weiden, Birken, Hainbuchen, Linden, Robinien, Kastanien und Obstgehölzen, nicht dagegen auf Eichen oder Rotbuchen. Noch wirtsspezifischer sind die Tannen-Mistel (nur auf Weiß-Tanne) und die Kiefern-Mistel (verschiedene Kiefern, Fichte).

Schneebeere
Symphoricárpos riváris
Geißblattgewächse
Caprifoliaceae

Erscheinungsbild: Sommergrüner, meist sehr reich verzweigter Strauch von etwa 1–2,5 m Höhe. Äste und Zweige aufrecht oder leicht überhängend, etwas kantig, kahl, mit heller, graubrauner, längsrissiger Rinde, die sich in Streifen ablöst.

Blattmerkmale: Gegenständig, einfach, glattrandig, eiförmig bis elliptisch, vorne kurz zugespitzt, 2–6 cm lang und bis 5 cm breit, oberseits dunkelgrün und kahl, unterseits bläulich-grün und nur nach dem Austrieb kurz behaart. Die Blattränder sind anfangs leicht bewimpert.

Weitere Kennzeichen: Blüten zu mehreren in achsel- oder endständigen Ähren, Kronen glockig, um

5 mm lang, weißlich oder rötlich. Beeren weiß, kugelig-abgeflacht, mit sehr schwammigem, großzelligem Fruchtfleisch. Ungenießbar, Giftverdacht.

Blütezeit: VI–IX, Früchte ab IX.

Vorkommen: Ursprünglich nur in den Auenwäldern des östlichen Nordamerikas heimisch, seit langem jedoch als Ziergehölz in Parkanlagen und Gärten angepflanzt. Gelegentlich an Schuttstellen oder auf Brachen verwildert.

Wissenswertes: Die wegen ihrer knäuelig zusammenstehenden Beerenfrüchte gerne verwendete Zierpflanze (auch Eisbeere oder Knallbeere genannt) ist ein geeignetes Gehölz für Unterwuchs oder Sichtdeckung. Die ungenießbaren Früchte werden gerne von Vögeln (Durchzügler, Wintergäste) angenommen.

Buchsbaum
Búxus sempervírens
Buchsbaumgewächse
Buxaceae

Erscheinungsbild: Immergrüner, sehr dichtästiger, hoher Strauch von 3–5 m Wuchshöhe oder kleiner Baum (selten über 10 m) mit unregelmäßiger, meist relativ lockerer Kronengestalt. Durch regelmäßigen Rückschnitt können den Buchsbäumen mancherlei Formen aufgezwungen werden. Astwerk und Krone sind in diesen Fällen wesentlich dichter.

Blattmerkmale: Gegenständig, einfach, glattrandig, etwas lederig, oberseits glänzend dunkelgrün, unterseits hellgrün und kahl, mit auffallender Längsrippe, Seitennerven dagegen kaum betont, etwa 1–2 cm lang und bis 1 cm breit, vorne stumpf, kurz gestielt. Lebensdauer etwa 2 Jahre, färben vor dem Abwurf gelborange um.

Weitere Kennzeichen: Blüten zu mehreren dicht gedrängt in den Blattachseln; Gipfelblüten immer weiblich, die übrigen männlich, Kronen gelblichweiß oder grünlich. Kapselfrucht braun und ziemlich hart.

Blütezeit: III–IV, Früchte ab VIII.

Vorkommen: Wärmeliebendes Licht- oder Halbschattenholz auf Steinschuttböden, vor allem in lichten Eichenwäldern oder -gebüschen, nordwestlich nur bis zur mittleren Mosel. Häufig in Gärten und Parks angepflanzt.

Wissenswertes: Der langsamwüchsige Buchsbaum ist eine Kennpflanze alter Bauerngärten, wo er in Gestalt niedriger Hecken zur Beeteinfassung verwendet wurde.

Liguster, Rainweide
Ligústrum vulgáre
Ölbaumgewächse
Oleaceae

Erscheinungsbild: Sommergrüner, aufrechter, reichästiger Strauch, in wintermilden Gegenden auch wintergrün mit Laubwechsel erst im nachfolgenden Frühjahr. Junge Zweige sehr biegsam. Wuchshöhe etwa 3–4 m.

Blattmerkmale: Gegenständig, einfach, glattrandig, länglich-elliptisch bis lanzettlich, etwas ledrig, oberseits dunkelgrün, unterseits hellgrün, beidseits kahl, am Rande mitunter leicht gewellt, um 5 cm lang, kurz gestielt.

Weitere Kennzeichen: Blüten in endständiger, feinduftender Rispe. Steinfrüchte schwarzviolett, kugelig. Alle Teile giftig.

Blütezeit: VI–VII, Früchte ab IX.

Vorkommen: Licht- und Halbschattenpflanze an Waldrändern, Säumen, Gebüschzeilen.

Wissenswertes: Wertvolles Vogelgehölz (Nisthilfe, Schutzraum, Nahrung) und Futterpflanze der Raupen des Ligusterschwärmers. Die Zweige wurden früher zu Flechtwerk verwendet.

Verwandte Arten: Häufig angepflanzt wird der Japanische Liguster (*Ligustrum ovalifolium*).

Wolliger Schneeball
Vibúrnum lantána
Geißblattgewächse
Caprifoliaceae

Erscheinungsbild: Sommergrüner, aufrechter, meist reichästiger Strauch bis etwa 3 m Wuchshöhe. Zweige im Querschnitt rundlich, braun berindet, mit graubraunen Sternhaaren (Lupenmerkmal) dicht filzig, biegsam.
Blattmerkmale: Gegenständig, einfach, gleichmäßig fein gezähnt, breit-oval, an beiden Enden abgerundet, vorne mit sehr kurzer Spitze, um 10 cm lang, auf der Oberseite dunkelgrün, unterseits heller und dichtfilzig graubraun behaart, stark runzelig und etwas derb. Blattstiel 1–2 cm lang.
Weitere Kennzeichen: Blüten zahlreich in flach ausgebreiteter Schirmrispe (Trugdolde). Blütenkrone glockig, weiß, außen mitunter auch leicht rötlich. Blütenstand ist bereits während des Winters sichtbar. Steinfrüchte länglich, unreif grün und glänzend rot, vollreif schwarzglänzend. Giftig.

Blütezeit: V–VI, Früchte ab VIII.
Vorkommen: Verbreitet bis häufig an Säumen oder in Gebüschen.
Verwandte Arten: Gemeiner oder Wasser-Schneeball (*Viburnum opulus*) (siehe S. 48).

Gemeines Pfaffenhütchen
Euónymus europáea
Spindelbaumgewächse
Celastraceae

Erscheinungsbild: Sommergrüner, hochwüchsiger Strauch oder kleiner Baum bis etwa 6 m mit reich verzweigten, etwas sparrig wirkenden Ästen. Zweige anfangs grün berindet und kantig mit Korkleisten, später rötlich-braun.
Blattmerkmale: Gegenständig, einfach, gleichmäßig fein gesägt, länglich-lanzettlich, am Grunde keilförmig, vorne spitz, kahl, oberseits dunkelgrün, unterseits heller bläulichgrün, 5–8 cm lang und bis 3 cm breit. Blattstiel um 1 cm lang. Im Herbstaspekt sehr schön purpurrot.
Weitere Kennzeichen: Blüten meist 4zählig zu mehreren in Scheindolden blattachselständig, unscheinbar grünlich-weiß. Kapselfrucht intensiv scharlachrot oder tiefrosa, öffnet sich 4klappig und zeigt die Samen mit ihrem auffallend orangeroten Samenmantel. Giftig.
Blütezeit: V–VI, Früchte ab X.
Vorkommen: Verbreitet bis häufig als Unterwuchs in lichten Laubwäldern oder an Ufern. Vielfach angepflanzt.
Wissenswertes: Aus dem harten, sehr zähen Holz wurden früher Webspindeln und Stricknadeln hergestellt. Die mehrjährigen Äste geben eine sehr feste Zeichenkohle. Wegen des dichten, flach streichenden Wurzelwerks als Bodenfestiger geeignet. Wertvolles Vogelschutzgehölz (Nistplatz, Nahrung).
Verwandte Arten: Das Breitblättrige Pfaffenhütchen (*Euonymus latifolia*) kommt nur südlich der Donau vor und besitzt fünfzählige Blüten.

Gemeiner Kreuzdorn
Rhámnus cathártica
Kreuzdorngewächse
Rhamnaceae

Erscheinungsbild: Sommergrüner, sehr sparriger und dicht verzweigter Strauch um 3 m Wuchshöhe. Äste kreuzgegenständig verzweigt (namengebendes Merkmal) und meist in einem langen Sproßdorn endend. Rinde feinrissig grau bis schwärzlich, innen gelbrot.

Blattmerkmale: Gegenständig, einfach, regelmäßig fein gezähnt, oval, mit kurzer Spitze, am Grunde breit keilförmig, oberseits dunkelgrün, unterseits heller und auf den Blattnerven fein behaart, 3–6 cm lang und bis 4 cm breit. Blattstiel 1–3 cm lang. Im Herbstaspekt unauffällig gelbbraun.

Weitere Kennzeichen: Unschein-bare, gelblich-grüne Blüten einzeln oder in wenigblütigen Doldenrispen in den Blattachseln, eingeschlechtig. Steinfrucht blauschwarz, kugelig, etwa erbsengroß, von spezifischem Duft. Giftig.

Blütezeit: V–VI, Früchte ab IX.

♂   ♀

Vorkommen: Langsamwüchsiger Tiefwurzler in Auengebieten, an Waldrändern auf sommerwarmen, basenhaltigen Lockerböden. Selten angepflanzt. Im Gebirge bis etwa 1500 m.

Verwandte Arten: Beim Felsen-Kreuzdorn (*Rhamnus saxatilis*) sind die Blätter nur bis 3 cm lang und stehen viel dichter. Südliches Mitteleuropa.

Falscher Jasmin, Pfeifenstrauch
Philadélphus coronárius
Steinbrechgewächse
Saxifragaceae (Philadelphaceae)

Erscheinungsbild: Sommergrüner, aufrechter Strauch von etwa 1–3 m Höhe mit steifen, reichverzweigten Ästen. Zweige anfangs schwach behaart, braunrot, später mit abblätternder Rinde. Winterknospen unter Blattstielresten verborgen.

Blattmerkmale: Gegenständig, einfach, vor allem in der Vorderhälfte an beiden Seiten mit 8–11 ungleich großen Zähnen, oval-elliptisch, zugespitzt, 4–7 cm lang und bis 5 cm breit, oberseits dunkelgrün, unterseits heller, auf den Blattnerven behaart und mit schwachen Achselbärten, sehr dünn und kurz gestielt.

Weitere Kennzeichen: Blüten zu 5–10 in endständigen Trauben an Kurztrieben, 4zählig, mit weißen Kronblättern und zahlreichen gelben Staubblättern. Angenehmer, aromatischer Duft. Kapselfrucht.

Blütezeit: VI, Früchte ab IX.

Vorkommen: Ursprünglich wohl nur im südöstlichen Europa in wärmeliebenden Gebüschen und lichten Laubwäldern. Vielfach angepflanzt und stellenweise verwildert.

Wissenswertes: Vom Pfeifenstrauch gibt es zahlreiche Hybriden und Gartenformen, so daß die reinerbige Art kaum noch anzutreffen ist. Bedauerlicherweise werden zunehmend gefüllte, sterile Formen angepflanzt, in deren Blüten die Staubblätter zu kleinen Kronblättern umgestaltet sind. Für Insekten (Bienen, Hummeln, Schwebfliegen) sind diese Blüten völlig untauglich.

Verwandte Arten: Die Ziergehölze der Gattung *Deutzia*.

Gemeiner Schneeball
Vibúrnum ópulus
Geißblattgewächse
Caprifoliaceae

Erscheinungsbild: Sommergrüner, stark verzweigter und ziemlich raschwüchsiger ‚Strauch, etwa 1–4 m hoch, mit ausgebreiteten, leicht überhängenden Zweigen. Junge Triebe biegsam, etwas kantig, kahl, braungrau. Winterknospen rundlich, liegen der Achse eng an.

Blattmerkmale: Gegenständig, einfach, 3–5lappig, bis 10 cm lang und 8 cm breit. Einzelne Lappen zugespitzt und randlich ungleichmäßig gezähnt oder gebuchtet. Oberseits dunkelgrün, unterseits heller und schwach behaart. Blattstiel 2–3 cm lang, mit drüsigen, grundständigen Zipfeln und mehreren länglichen Nektardrüsen. Im Herbstaspekt röt-

lich oder sehr dekorativ rotbraun. **Weitere Kennzeichen:** Blüten zahlreich in endständigen Schirmrispen. Randblüten steril mit auffällig vergrößerten Kronen. Zentralblüten fertil, mit glockiger, unscheinbarer, weißer Krone. Steinfrucht kugelig, kräftig scharlachrot. Giftig.

Blütezeit: V–VI, Früchte ab VIII.

Vorkommen: Verbreitet bis häufig in Auengebieten, Uferhecken und Saumgebüschen. Halbschattenart.

Wissenswertes: Vom Schneeball gibt es eine Gartenform, deren Blütenstände nur sterile, großkronige Blüten tragen. Ökologisch sind diese Gehölze wertlos, da sie weder Insekten noch Vögeln Nahrung bieten. In Heckenpflanzungen sollte daher nur die Wildform verwendet werden. Auch Wasser-Schneeball genannt.

Verwandte Arten: Siehe S. 42.

Fächer-Ahorn
Ácer palmátum
Ahorngewächse
Aceraceae

Erscheinungsbild: Sommergrüner, fast immer ziemlich kleinwüchsiger Baum von 6–8 m Höhe mit breiter, gewölbter, gelegentlich auch halbkugeliger Krone. Äste bogig aufsteigend mit waagerecht abstehenden Zweigen.

Blattmerkmale: Gegenständig, einfach, 5–7lappig, tiefer als bis zur Spreitenmitte eingeschnitten; Lappen lang zugespitzt, ungleichmäßig gesägt mit nach vorne gerichteten Zähnen, 5–10 cm lang und meist ebenso breit. Basislappen rechtwinklig vom 3–5 cm langen Blattstiel abstehend. Auffällige Herbstfärbung.

Weitere Kennzeichen: Blüten tief-rosa bis rötlich, in aufrechten Doldentrauben. Flügelfrüchte stumpfwinklig angeordnet.

Blütezeit: VI, Früchte ab VIII.

Vorkommen: Ursprünglich nur in Japan, seit längerem in zahlreichen Gartenformen als Ziergehölz verwendet.

Wissenswertes: Wegen der leuchtend karminroten oder scharlachroten Spätsommer- und Herbstfärbung wird der Fächer-Ahorn in vielen Varietäten mit abweichender Blattgestalt angepflanzt. Ausgesprochen dekorative Kleinbäume.

Silber-Ahorn
Acer saccharínum
Ahorngewächse
Aceraceae

Erscheinungsbild: Sommergrüner Baum mit regelmäßiger, etwas lichter und gewölbter Krone, um 25–30 m hoch. Äste aufrecht, ziemlich schlank, im oberen Kronenbereich überwiegend nach außen gerichtet und etwas überhängend. Rinde braungrau.

Blattmerkmale: Gegenständig, einfach, sehr tief eingeschnitten 5lappig; Blattlappen ihrerseits grob gezähnt oder lappig eingeschnitten, oberseits frisch- bis mattgrün, unterseits wesentlich heller und fein silbrigweiß behaart, etwa 10–15 cm lang und um 10 cm breit. Blattstiol 3–6 cm lang. Im Herbstaspekt hell- bis goldgelb.

Weitere Kennzeichen: Blüten eingeschlechtig, erscheinen lange vor dem Laubaustrieb; männliche Blüten kurzgestielt, weibliche langgestielt. Fruchtflügel sichelförmig gekrümmt, meist etwas ungleich groß.

Blütezeit: IV-V, Früchte ab VII.

Vorkommen: Ursprünglich nur in den Auengebieten des östlichen Nordamerikas, seit langem in Parks und Grünanlagen angepflanzt.

Wissenswertes: Der Silber-Ahorn ist ziemlich raschwüchsig und entwickelt auch im Stadtklima in kurzer Zeit recht ansehnliche Baumgestalten, weswegen er zur Wohnumfeldbegrünung gerne verwendet wird. Ähnlich wie beim Zucker-Ahorn wird im Ursprungsgebiet der Saft, der im Frühjahr zu den Trieben aufsteigt, für die Zuckergewinnung (Ahornsirup) verwendet. Die Keimblätter bleiben im Boden.

Berg-Ahorn
Ácer pseudoplátanus
Ahorngewächse
Aceraceae

Erscheinungsbild: Sommergrüner, gewöhnlich sehr stattlicher Baum bis etwa 30 m Höhe mit breit-rundlicher Krone auf geradem, sehr kräftigem Stamm. Ältere Äste schräg aufgerichtet. Jüngere Äste und Zweige eher abstehend.

Blattmerkmale: Gegenständig, einfach, 5lappig, vordere Blattlappen bis zur Spreitenhälfte eingeschnitten, die beiden Grundlappen deutlich kleiner und weniger tief eingeschnitten, am Rande gleichmäßig gezähnt, oberseits dunkelgrün, unterseits heller und auf den Hauptnerven behaart. Blattstiel 5–15 cm lang, an der Basis keulig verdickt. Im Herbstaspekt leuchtend goldgelb,

im Bergland auch leuchtend rötlich.
Weitere Kennzeichen: Blüten erscheinen mit den Blättern in langen, hängenden Rispen, unscheinbar grünlich-gelb, aber sehr nektarreich. Flügelfrüchte ungefähr rechtwinklig angeordnet.
Blütezeit: IV–V, Früchte ab IX.
Vorkommen: Bestandsbildender Waldbaum in Laubmischwäldern, im Bergland gewöhnlich zusammen mit Nadelhölzern bis zur Baumgrenze aufsteigend. Häufig in Alleen und Parks.
Wissenswertes: Von Natur aus fehlt der Berg-Ahorn dem nordwesteuropäischen Tieflandgürtel nördlich der Mittelgebirge, ebenso auch auf den Britischen Inseln und in Südskandinavien. Das helle, feste Holz wird häufig für Messerfurniere und im Musikinstrumentenbau (Gitarre, Geige) verwendet.

Französischer Ahorn
Ácer mónspessulanum
Ahorngewächse
Aceraceae

Erscheinungsbild: Sommergrüner, kleinerer Baum von etwa 3–10 m Höhe mit meist übergelehntem Stamm und sparrigen, krummen, abstehenden oder leicht aufsteigenden Ästen. Junge Zweige ziemlich fest und wenig biegsam, kahl, glänzend bräunlich mit länglichen Korkmalen.
Blattmerkmale: Gegenständig, einfach, in nur 3 ungefähr gleich große Lappen geteilt (daher auch Dreilappiger Ahorn genannt), etwa 3–6 cm lang und 4–8 cm breit, oberseits dunkelgrün und etwas glänzend, unterseits hellgrün und anfangs wenig behaart, später bis auf wenige Achselbüschel kahl. Hauptnerven der Blattlappen schließen untereinander jeweils einen Winkel von 45 Grad ein, am Rande glatt oder nur leicht gewellt. Blattstiel 2–6 cm lang. Im Herbstaspekt leuchtend gelb oder gelb-rötlich, seltener auch kräftig rot.
Weitere Kennzeichen: Blüten erscheinen mit dem Laubaustrieb, eingeschlechtig oder zwittrig. Flügelfrüchte fast parallel zueinander.
Blütezeit: IV–V, Früchte ab X.
Vorkommen: Wärmeliebende Art mit Verbreitungsschwerpunkt in Südeuropa, in Deutschland nur in isolierten Vorkommen innerhalb der Weinbauregion.
Wissenswertes: Das heutige Verbreitungsbild dieser Ahorn-Art läßt die Rückwanderungswege der Pflanzen während der nacheiszeitlichen Vegetationsentwicklung rekonstruieren.

Feld-Ahorn, Maßholder
Ácer campéstre
Ahorngewächse
Aceraceae

Erscheinungsbild: Sommergrüner, kleinerer Baum bis etwa 15 m Höhe oder mehrstämmiger, sparriger Strauch mit ausladenden, reich verzweigten Ästen, diese mitunter mit kräftigen Korkleisten, sonst mit braungrauer, netzrissiger Rinde.
Blattmerkmale: Gegenständig, einfach, meist bis zur Spreitenmitte durch tiefe Buchten in 3–5 Lappen geteilt, diese ihrerseits leicht gekerbt oder gebuchtet, vorne abgerundet stumpf, oberseits dunkelgrün und schwach glänzend, unterseits heller bis graugrün und leicht behaart, besonders in den Blattnervenachseln. Spreite 5–8 cm lang, bis etwa 10 cm breit. Blattstiel im Sommer mit Milchsaft, 2–7 cm lang. Im Herbstaspekt kräftig gelb bis goldgelb.
Weitere Kennzeichen: Blüten erscheinen mit dem Laub zu je etwa 10 in Doldenrispen. Flügelfrüchte waagerecht abstehend.
Blütezeit: V, Früchte X.
Vorkommen: Licht- und wärmeliebende Art in Laubmischwäldern, an offenen Säumen und in Gebüschen, auch in Feldhecken und an Wegrainen. Auf ärmeren Böden überwiegt die strauchige Wuchsform.
Wissenswertes: Das sehr feste, schön gemaserte Holz wurde früher häufig für Drechslerarbeiten verwendet. Selten als Ziergehölz, aber häufig zur Begrünung von Straßenböschungen und Dämmen angepflanzt. Wertvolles Vogelschutzgehölz und Deckungspflanze in der offenen Feldflur.

Spitz-Ahorn
Acer platanoídes
Ahorngewächse
Aceraceae

Erscheinungsbild: Sommergrüner, oft hoher Baum mit kräftigen, aufrechten Ästen und dichter, im Freistand meist kugeliger Krone, etwa 20–30 m hoch.

Blattmerkmale: Gegenständig, einfach, gewöhnlich 5lappig, davon die vorderen 3 Lappen ungefähr gleich groß, mit schlanken, lang ausgezogenen Spitzen und beidseits mit meist 2 spitzen Zähnen, die stumpfe, bogige Buchten einschließen, 10–20 cm lang und fast ebenso breit, oberseits dunkelgrün und leicht glänzend, unterseits hellgrün und nur auf den Blattnerven schwach behaart. Blattstiel 3–20 cm lang, an der Basis keulig verdickt, mit Milchsaft. Blätter im Herbstaspekt prächtig goldgelb oder rötlich verfärbt.

Weitere Kennzeichen: Blüten erscheinen vor den Laubblättern in endständigen, gelbgrünen Rispen. Flügelfrüchte schließen einen stumpfen Winkel untereinander ein.

Blütezeit: IV, Früchte etwa X.

Vorkommen: Ziemlich häufig in reinen Laub- oder Laubmischwäldern sowie in Auenbereichen, meist auf tiefgründigen, sickerfeuchten Böden.

Wissenswertes: Das recht helle Ahornholz wird wegen seiner Festigkeit und geringen Schwundwerte zu Messerfurnier, im Musikinstrumentenbau und zu Billardstökken verarbeitet.

Schwarzer Holunder
Sambúcus nígra
Geißblattgewächse
Caprifoliaceae

Erscheinungsbild: Sommergrüner, großwüchsiger Strauch bis 7 m Höhe oder kleinerer Baum bis etwa 10 m mit meist krummem, übergelehntem Stamm. Äste steil aufrecht und erst an den Enden überhängend oder abstehend, bilden daher meist eine sehr lockere, unregelmäßige Krone. Mark der älteren Zweige weiß.

Blattmerkmale: Gegenständig, zusammengesetzt, unpaarig gefiedert, etwa 10–35 cm lang, mit 5 gleich großen Fiederblättchen, diese bis 8 cm lang und 3,5 cm breit, elliptisch, lang zugespitzt, gesägt, beim Zerreiben von spezifischem Geruch, oberseits mattgrün, unterseits heller und gewöhnlich kahl. Blattgrund mit Nektardrüse auf zipfligem Anhängsel.

Weitere Kennzeichen: Blüten zahlreich in großen, angenehm duftenden Schirmrispen. Krone um 6 mm breit, gelblichweiß. Steinfrüchte ('Fliederbeeren') kugelig, schwarz, glänzend, sehr saftreich. Wertvolles Wildobst.

Blütezeit: VI–VII, Früchte ab VIII.
Vorkommen: Häufiger Strauch an Waldrändern, in Gebüschen und Hecken.
Wissenswertes: Der Name Holunder steht mit der germanischen Gottheit Holla ('Frau Holle') in Zusammenhang. Wertvolles Vogelgehölz.

Trauben-Holunder
Sambúcus racemósa
Geißblattgewächse
Caprifoliaceae

Erscheinungsbild: Sommergrüner, nur mäßig verzweigter, aber dennoch recht dichter Strauch bis etwa 4 m Höhe, selten baumförmig, mit lockerer, unregelmäßiger Krone oder kronenlos. Äste und Zweige überhängend, mit hellbrauner bis graubrauner Rinde und großen Korkwarzen (Lentizellen). Mark der Äste und älteren Zweige rostbraun.
Blattmerkmale: Gegenständig, zusammengesetzt, unpaarig gefiedert, etwa 10–25 cm lang. Fiederblättchen 5, lanzettlich, schlanker als beim verwandten Schwarzen Holunder, lang zugespitzt, bis 8 cm lang und 3 cm breit, oberseits dunkelgrün, unterseits leicht bläulich und wenig behaart, beim Zerreiben von starkem Geruch. Im Austrieb rötlich, im Herbstaspekt unauffällig gelblich.
Weitere Kennzeichen: Blüten zahlreich in aufrechter, fingerlanger Rispe, Krone der Scheibenblüte gelblich grün, mit angenehmem Aroma. Steinfrüchte scharlachrot, saftig, nach Erhitzen (mit Ausnahme der Steinkerne) eßbar, übrige Teile leicht giftig.
Blütezeit: IV–V, Früchte ab VII.
Vorkommen: Weit verbreitet und häufig in Gebüschen und lichten Wäldern der Mittelgebirgsregion auf lockeren, nährstoffreichen Böden. Häufig als Ziergehölz angepflanzt.
Wissenswertes: Der ausgesprochen dekorative Strauch bietet zahlreichen Insekten und Vögeln Nahrung. Er sollte in Hecken und Hausgärten viel häufiger verwendet werden.

Gemeine Waldrebe
Clemátis vitálba
Hahnenfußgewächse
Ranunculaceae

Erscheinungsbild: Sommergrüner, sehr dicht verzweigter, lianenartig kletternder Strauch bis etwa 30 m Höhe. Äste meist um 1 cm dick.

Blattmerkmale: Gegenständig, zusammengesetzt, unpaarig gefiedert, mit 4–7 cm langem Blattstiel, insgesamt bis 25 cm lang. Fiederblättchen 5–7, Fiederpaare weit voneinander entfernt, bis 5 cm lang und 3 cm breit, gestielt, herz-eiförmig, unregelmäßig grob gesägt oder glattrandig, kahl, oberseits matt dunkelgrün, unterseits etwas heller.

Weitere Kennzeichen: Blüten 4zählig, zahlreich in verlängerter, ausgebreiteter Rispe in den Blattachseln oder endständig. Griffel wird zum silbrig-weißen Flugorgan der kleinen Nußfrüchte.

Blütezeit: VI–IX, Früchte X.

Vorkommen: Häufig in Schleiergesellschaften von Bach- und Flußauen, an Waldrändern, Abhängen oder Gebüschen.

Wissenswertes: Die Waldrebe ist eine der wenigen einheimischen Lianen, die mit Hilfe von Sproßachsen und Blattstielen gegen den Uhrzeigersinn windet (Linkswinder). Für Kleinvögel bietet sie hervorragende Nist- und Deckungsmöglichkeiten.

Gemeine Esche
Fraxínus excélsior
Ölbaumgewächse
Oleaceae

Erscheinungsbild: Sommergrüner, sehr hochwüchsiger Baum bis etwa 40 m mit hochgewölbter, zylindrischer Krone und steil aufgerichteten Hauptästen. Rinde (Borke) längsrissig und breit gerippt, grau. Rinde jüngerer Zweige graugrün. Winterknospen schwarz.

Blattmerkmale: Gegenständig, zusammengesetzt, unpaarig gefiedert, mit 4–6 Fiederpaaren, Fiederblättchen kurz gestielt, Endfieder länger gestielt, insgesamt um 25 cm lang. Fiederblättchen bis 10 cm lang und 4 cm breit, länglich-oval, zugespitzt, gesägt, oberseits frischgrün, unterseits etwas heller und auf den Hauptnerven leicht behaart. Im Austrieb rötlich-braun, im Herbstaspekt unauffällig gelblich-grün.

Weitere Kennzeichen: Blüten erscheinen vor dem Laubaustrieb in unauffälligen Rispen, männlich, weiblich oder zwittrig, windblütig, jedoch nicht selten von pollensammelnden Bienen besucht. Nußfrüchte geflügelt, hellbraun.

Blütezeit: V, Früchte ab X.

Vorkommen: Verbreitet bis häufig auf nährstoffreichen, sickerfeuchten, lockeren Ton- oder Lehmböden in Auen- oder Schluchtwäldern, häufig jedoch auch als Parkgehölz.

Wissenswertes: Die Esche ist einer der hochwüchsigsten einheimischen Laubbäume. Sie wird etwa 200 Jahre alt. Ihr helles Holz ist in der Möbeltischlerei sehr geschätzt. Auch für Sportgeräte (Barrenholme) oder Leitersprossen verwendet.

Blumen-Esche, Manna-Esche
Fraxínus órnus
Ölbaumgewächse
Oleaceae

Erscheinungsbild: Sommergrüner, nur etwa 10–25 m hoher Baum mit sehr lockerer, meist ziemlich unregelmäßiger Krone, oft auch mehrstämmig. Rinde dunkelgrau bis schwärzlich, ziemlich glatt, ohne Leistenmuster. Junge Zweige bräunlich-grün, fein punktiert. Winterknospen rötlichbraun.

Blattmerkmale: Gegenständig, zusammengesetzt, unpaarig gefiedert, etwa 15–20 cm lang, mit 7–9 Fiederblättchen, diese 5–7 cm lang und um 2,5 cm breit, länglich-lanzettlich, kurz gestielt, mit langer Spitze, unregelmäßig gesägt, oberseits kahl, unterseits auf den Blattrippen wollig behaart.

Weitere Kennzeichen: Blüten erscheinen mit den Blättern, zahlreich in endständigen Rispen. Kronblätter 4, weißlich, um 6 mm lang, schmal. Nußfrüchte geflügelt, etwa 2–3 cm lang und bis 1 cm breit, bräunlich.

Blütezeit: IV, Früchte ab X.

Vorkommen: Im Mittelmeergebiet weit verbreitet und wichtiger waldbildender Baum, sonst nur angepflanzt. Im südlichen Oberrheingebiet eingebürgert.

Wissenswertes: In wintermilden Gegenden ist die dekorative, angenehm duftende Blumen- oder Manna-Esche ein beliebter Zier-und Parkbaum. Im Ursprungsgebiet wurde aus dem an der Luft erhärtenden Sommerblutungssaft Manna, ein süßlich schmeckendes Kohlenhydrat (Zuckeralkohol Mannitol), gewonnen. Die Bäume wurden dazu sogar in Plantagen angebaut.

Eschen-Ahorn
Acer negúndo
Ahorngewächse
Aceraceae

Erscheinungsbild: Sommergrüner, kleiner Baum bis etwa 15 m Höhe mit unregelmäßiger, lockerer, kugeliger Krone und aufgerichteten oder ausgebreiteten Ästen. Rinde ziemlich glatt, grauschwarz. Triebe gerade, leicht bereift. Winterknospe im Unterschied zu anderen Ahorn-Arten klein und auffallend weiß.

Blattmerkmale: Gegenständig, als Ausnahme innerhalb der Gattung unpaarig gefiedert, etwa 7–15 cm lang, Fiederblättchen meist 5, kurz gestielt, etwa 5–10 cm lang, länglich-oval, zugespitzt, unregelmäßig gezähnt oder abschnittweise glattrandig, Endfieder mitunter auch dreilappig, sehr dünn, schlaff hängend, hellgrün, im Herbstaspekt gelblich.

Weitere Kennzeichen: Blüten ausnahmsweise eingeschlechtig und auf getrennten Individuen (zweihäusiger Ahorn!), erscheinen in lockeren Rispen kurz vor dem Laubaustrieb. Flügelfrüchte schmal, spitzwinklig angeordnet, hellbraun.

Blütezeit: IV–V, Früchte ab VIII.

Vorkommen: Ursprünglich nur in Nordamerika von der Ostküste bis zur Pazifikküste und Südmexiko. Häufig als raschwüchsiger Park- und Zierbaum angepflanzt.

Wissenswertes: Der eigenartige Eschen-Ahorn ist außerordentlich variabel und umfaßt eine Reihe gärtnerisch verwendeter Formen mit panaschierten oder abweichend farbigen Blättern. Bei diesen Formen sind sogar die Flügelfrüchte auffallend buntscheckig.

Gemeine Roßkastanie
Aesculus hippocástanum
Roßkastaniengewächse
Hippocastanaceae

Erscheinungsbild: Sommergrüner, gewöhnlich sehr stattlicher Baum bis etwa 25 m Höhe, mit kurzem, schon in geringer Höhe über dem Boden in mehrere große Äste gegabeltem Stamm und dichter, hoher, gewölbter Krone. Äste und Zweige überhängend. Junge Zweige auffallend dick, graubraun, hell punktiert. Borke grobrissig plattig. Winterknospen sehr groß, bis 30 cm lang und 1,5 cm dick, dunkelbraun-rötlich, sehr klebrig.
Blattmerkmale: Gegenständig, zusammengesetzt, handförmig gefiedert, Blattstiel 10–20 cm lang, am Grunde keulig verdickt; Fiederblättchen 5–7, sitzend, verkehrt-oval, am Grunde keilförmig, vorne mit schlanker, aufgesetzter Spitze, regelmäßig doppelt gesägt, bis 25 cm lang und 10 cm breit, die mittleren erheblich größer als die randständigen, oberseits stumpf dunkelgrün, unterseits etwas heller, kahl. Im Herbstaspekt sehr schön goldgelb bis braungelb. Nach dem Laubfall sehr rasch vergänglich.
Weitere Kennzeichen: Blüten zahlreich in aufrechten, rispenartigen Blütenständen von pyramidalem Umriß, bis 30 cm hoch. Einzelblüten zwittrig oder männlich (letztere vor allem an der Spitze des Blütenstandes). Krone 5zählig, weiß, mit rundlichen, lang genagelten Kronblättern, in der Mitte mit hellgelbem, später orangeroten und tiefroten Farbmal. Staubblätter 5–9, überragen die Krone. Fruchtknoten zur Reifezeit eine 5–7 cm große, kugelige, grüne

Stachelkapsel mit 1–2 rundlich–abgeflachten, glänzend rötlich-braunen Samen (= Kastanien). Ungenießbar und leicht giftig.

Blütezeit: IV–V, Früchte ab IX.

Vorkommen: Die Roßkastanie ist ursprünglich nur in Bergwäldern des südlichen Balkans und in Kleinasien beheimatet, meist in Höhen bis 500 m (in Griechenland auch bis 1000 m). Seit dem Ende des 16. Jahrhunderts in Mitteleuropa bekannt und seither in Parks und Gärten oder an Straßen und Plätzen angepflanzt. Stellenweise eingebürgert oder forstlich verwendet.

Wissenswertes: Vor allem wegen der ansehnlichen Blütenpracht wurde die Roßkastanie im mittleren und westlichen Europa schon bald nach ihrer Einführung zu einem beliebten Zierbaum, der als willkommener Schattenspender auch gerne an Haus und Hof angepflanzt wurde. Auch heute werden Roßkastanien als Straßen- und Alleebäume verwendet, allerdings in einer gefülltblütigen, sterilen Form, damit niemand durch herabfallende Samen zu Schaden kommt. Die schmucken Blüten werden vor allem von Hummeln und Bienen aufgesucht. Das auffällige Farbmal in der Blüte steht ganz im Dienst der Bestäubungsbiologie. Nur Blüten mit gelbem Farbmal werden angeflogen, weil die Blütengäste hier Nektar antreffen. In ziegelroten oder karminroten sind die Nektardrüsen funktionslos geworden. Diese Blüten werden von den Insekten außerdem auch gar nicht mehr wahrgenommen, denn Bienen und Hummeln sind rotblind. Der Farbwechsel der Blüte regelt somit wie eine Ampel den Flugverkehr.

Sanddorn
Hippóphae rhamnoídes
Ölweidengewächse
Elaeagnaceae

Erscheinungsbild: Sommergrüner,
sehr sparriger, reichverzweigter und
dornig bewehrter Strauch bis etwa
3 m, gelegentlich auch kleinerer
Baum bis etwa 6 m Höhe. Triebe
rund, mit silbrig-bräunlichen Schildhaaren besetzt. Alle Sprosse und
Seitensprosse enden in Dornen.
Rinde anfangs glatt, später grau-
braun-längsrissig.
Blattmerkmale: Wechselständig
oder angenähert gegenständig,
einfach, ganzrandig, kurz gestielt,
Blattstiel etwa 2 mm lang, Spreite bis
6 cm lang und 3–10 mm breit,
schmallanzettlich, anfangs auf beiden Seiten mit Schildhaaren silbrig-
graugrün, später auf der Oberseite

verkahlend und dunkler grün. Keine
auffallende Herbstfärbung.
Weitere Kennzeichen: Blüten eingeschlechtig auf getrennten Individuen (zweihäusig), erscheinen vor
dem Laubaustrieb, unscheinbar in
ährigen Trauben. Beerenartige
Steinfrüchte auffallend orangerot,
sehr saftig, eßbar.
Blütezeit: IV–V, Früchte ab IX.
Vorkommen: Verbreitet bis häufig
auf kalkhaltigen, wechselfeuchten,
feinerdearmen Kies- und Sandböden von Flußauen, in aufgelassenen
Abgrabungen, an der Küste auch
in Grau- und Braundünen.
Wissenswertes: Die beerenartige
Frucht entsteht auf ungewöhnli-
chem Wege durch Verdickung der
Kelchröhre. Wertvolles Vogelschutzgehölz (Nahrung und Unter-
stand für Fasanen, Reb- und Hasel-
huhn) und Wildobst.

Gemeiner Seidelbast
Dáphne mezéreum
Seidelbastgewächse
Thymelaeaceae

Erscheinungsbild: Sommergrüner, aufrechter, nur mäßig verzweigter Kleinstrauch mit dünnen, steifen Ästen, etwa 1 m hoch. Junge Zweige rutenförmig, dornenlos, anfangs fein silbrig behaart, später kahl und gelblich-braun, dunkel punktiert.
Blattmerkmale: Wechselständig, einfach, ganzrandig, meist an den Zweigenden büschelig gedrängt, länglich-lanzettlich, ziemlich dünn, kurz gestielt, bis 7 cm lang und 2 cm breit, am Grunde keilförmig verschmälert, oberseits frischgrün, unterseits bläulich, unbehaart. Beim Zerreiben von unangenehmem Geruch.
Weitere Kennzeichen: Blüten erscheinen vor dem Laub, meist zu 3 an vorjährigen Zweigen, Krone fehlt, Kelchröhre und Kelchzipfel blumenblattartig, kräftig rosa, angenehm süßlich duftend. Steinfrucht angenähert kugelig, glänzend rot. Alle Teile der Pflanze sind sehr giftig.
Blütezeit: II–III, Früchte ab VIII.
Vorkommen: Verbreitet bis sehr zerstreut auf kalkhaltigen, humosen Böden in krautreichen Laub- und Nadelwäldern vor allem des Berglandes. Fehlt im norddeutschen Tiefland. Auch Ziergehölz.
Wissenswertes: Besonders geschützte Art. Die giftigen Früchte werden von Drosseln verzehrt.
Verwandte Arten: Beim Rosmarin-Seidelbast (*Daphne cneorum*) sind die sehr schmalen Blätter gleichmäßig über die Zweige verteilt. Nur in lichten Gebüschen des Berglandes. Ebenfalls geschützt und sehr giftig.

Sumpf-Porst
Lédum palústre
Heidekrautgewächse
Ericaceae

Erscheinungsbild: Immergrüner, aufrechter oder aufsteigender, ziemlich dicht beblätterter Strauch von 1–1,5 m Höhe. Junge Zweige filzig rostrot behaart, später längsstreifig rotbraun.

Blattmerkmale: Wechselständig, einfach, ganzrandig, kurz gestielt, während der kalten Jahreszeit herabhängend, sonst abstehend mit deutlich eingerolltem Rand, länglich-lanzettlich bis linealisch, 2–3,5 cm lang und knapp 1 cm breit, lederig, oberseits dunkel- oder olivgrün, unterseits rostrot wollig behaart und mit Drüsen besetzt. Mittelrippe stark ausgeprägt, Seitennerven kaum sichtbar.

Weitere Kennzeichen: Blüten in vielblütigen, endständigen Doldenrispen. Kronblätter nicht glockig verwachsen, um 8 mm lang, reinweiß oder leicht rosa, sternförmig ausgebreitet. Kapselfrucht 5klappig. Alle Teile der Pflanze duften intensiv aromatisch.

Blütezeit: V–VI, Früchte ab VIII.

Vorkommen: Zerstreut, aber meist gesellig und gelegentlich massenhaft auf nassen Torfböden in Hoch- und Zwischenmooren. Nordeuropa und Mitteleuropa östlich der Weser.

Wissenswertes: Stark gefährdete Art, durch Torfabbau in Süddeutschland schon nahezu ausgerottet. Die aromatischen Blätter wurden bei den Wikingern als Hopfenersatz zum Bierbrauen verwendet. Durch Porst erhält Bier eine stark berauschende Wirkung.

Färber-Ginster
Genísta tinctória
Schmetterlingsblütengewächse
Fabaceae

Erscheinungsbild: Sommergrüner, niederliegender oder aufsteigender, unbewehrter Strauch, 30–100 cm hoch, meist nur an der Basis stärker verholzt. Zweige grün, gefurcht, kahl an der Basis, an den jüngsten Teilen dichter behaart, rutenförmig.

Blattmerkmale: Wechselständig, einfach, ganzrandig, sehr kurz gestielt bis sitzend, lanzettlich–linealisch, 1–3 cm lang, um 0,5 cm breit, kahl oder anliegend behaart, am Rande bewimpert, leicht zugespitzt. Nebenblätter schmal und häutig.

Weitere Kennzeichen: Blüten goldgelb, zahlreich in langen, endständigen Rispen. Hülse um 3 cm lang, seitlich zusammengedrückt, braun.

Blütezeit: VI–VII, Früchte ab IX.

Vorkommen: Zerstreut auf basenreichen, wechseltrockenen Magerstandorten, auf Wiesen, Heiden, an Wald- und Gebüschsäumen.

Verwandte Arten: Der Behaarte Ginster (*Genista pilosa*) ist ebenfalls dornenlos. Seine Äste und Blätter sind anliegend behaart. Auf Magerwiesen und Felsstandorten. Beim Deutschen Ginster (*Genista germanica*) tragen die älteren Zweige Dornen; die schmal eiförmigen Blätter sind unterseits stärker behaart. Vor allem in Süddeutschland. Der Englische Ginster (*Genista anglica*) trägt lange Sproßdornen, aber völlig kahle Laubblätter. Häufiger Kleinstrauch in küstennahen Heiden und Mooren Nordwesteuropas und Norddeutschlands.

Sal-Weide, Palm-Weide
Sálix cáprea
Weidengewächse
Salicaceae

Erscheinungsbild: Sommergrüner, aufrechter, mäßig verzweigter Baum bis etwa 10 m, häufiger ein stattlicher, vielstämmiger Strauch um 3–5 m Höhe. Äste aufrecht, abstehend, sehr biegsam. Junge Zweige graugrün, leicht kraus behaart. Ältere Zweige kahl, braunrot bis schwarzbraun, glänzend.

Blattmerkmale: Wechselständig, einfach, oft glattrandig, gelegentlich auch gewellt, undeutlich oder stärker gezähnt (vor allem an Langtrieben), etwa doppelt so lang wie breit, elliptisch – rundlich, gestielt, mit eingesenkten Blattnerven und daher runzlig, oberseits dunkelgrün, unterseits heller und graugrün dichthaarig. Nebenblätter klein, nierenförmig. Im Herbstaspekt gelbbraun.

Weitere Kennzeichen: Pflanze zweihäusig. Blüten in eingeschlechtigen Kätzchen, diese lange vor dem Laubaustrieb erscheinend. Kapselfrüchte zweiklappig, mit zahlreichen braunen, mit langen Flughaaren ausgestatteten Samen.

Blütezeit: III–IV, Früchte ab V.

Vorkommen: Häufiges, wenig anspruchsvolles Pioniergehölz an Weg- und Waldrändern, in aufgelassenen Sandgruben und Steinbrüchen oder an Gewässersäumen.

Verwandte Arten: Von den breitblättrigen Weiden-Arten ist die Grau-Weide (*Salix cinerea*) mit länglichovalen, oberseits graufilzigen, später verkahlenden Blättern gut zu erkennen. Staunässezeiger an Gewässern.

Korb-Weide
Sálix viminális
Weidengewächse
Salicaceae

Erscheinungsbild: Sommergrüner, großer Strauch oder kleiner Baum bis etwa 7 m Höhe mit geraden, aufrechten Ästen. Zweige anfangs samtig grau, später kahl und grünlich-braun. Winterknospen anliegend, hellbraun.
Blattmerkmale: Wechselständig, einfach, ganzrandig, leicht gewellt, lang gestielt, schmal-lanzettlich, bis 15 cm lang und um 1,5 cm breit, vorne lang zugespitzt, Blattrand nach unten umgeschlagen, oberseits trübgrün, unterseits silbrig glänzend und dicht seidenhaarig. Haare in Richtung der größeren Seitennerven orientiert.
Weitere Kennzeichen: Zweihäusig.

Kätzchen vor dem Aufblühen stark seidig behaart. Männliche Kätzchen aufrecht, um 3 cm lang.
Blütezeit: III–IV, Früchte ab V.
Vorkommen: Verbreitet oder angepflanzt in Auengebüschen, an Bach- und Flußufern auf stau- oder sickernassen Böden.
Wissenswertes: Bei regelmäßigem Rückschnitt entwickelt die Korb-Weide jährlich bis über 2 m lange, unverzweigte Ruten, die bestes Material für die Korbflechterei darstellen. Durch Schnitt wird die Weide allmählich in einen typischen Kopfbaum umgeformt (siehe Bild rechts). Auch andere Weiden-Arten ergeben bei Rutennutzung solche Kopfbäume, die in manchen Gegenden (Niederrhein) ausgesprochen landschaftstypisch sind. Kopfbäume sind ökologisch ungemein wertvoll.

Netz-Weide
Sálix reticuláta
Weidengewächse
Salicaceae

Erscheinungsbild: Sommergrüner, niederliegender Strauch mit 5–30 cm langen, dem Untergrund meist dicht anliegenden Ästen und davon aufsteigenden, kurzen Seitenzweigen. Zweige kahl, olivgrün bis dunkelbraun, an den Knoten wurzelnd.

Blattmerkmale: Wechselständig, einfach, ganzrandig oder undeutlich gekerbt, kurz gestielt, 1–5 cm lang und 1–4 cm breit, elliptisch bis nahezu kreisrund, an beiden Enden gerundet, vorne zuweilen auch leicht ausgerandet, anfangs wollig behaart, später oberseits verkahlend und etwas glänzend dunkelgrün, unterseits grauweiß und meist dicht behaart bleibend. Blattnerven tief eingesenkt, daher sehr runzlig. Blattrand immer ein wenig nach unten gebogen.

Weitere Kennzeichen: Zweihäusig. Blütenstände erscheinen mit der Belaubung. Kätzchen um 2 cm lang, gestielt, wollig behaart.

Blütezeit: VII–VIII, Früchte ab IX.

Vorkommen: Verbreitet bis häufig auf feuchten, kalkhaltigen Steinschuttböden in Nordeuropa und in den europäischen Hochgebirgen, in den Alpen von 1700–3100 m.

Wissenswertes: In den Eiszeiten war die Netz-Weide auch in den Mittelgebirgen und Tiefländern Europas verbreitet, wie subfossile Blätter in Seenablagerungen beweisen. Heute ist sie Kennpflanze der arktisch-alpinen Schneetälchen-Gesellschaft, wo über fast acht Monate des Jahres Schnee liegt.

Kraut-Weide, Zwerg-Weide
Sálix herbácea
Weidengewächse
Salicaceae

Erscheinungsbild: Sommergrüner, niederliegender Zwergstrauch mit unterirdischem, kriechendem Stamm. Nur die knapp streichholzlangen jüngsten Zweige erreichen mit ihren Blättern die Bodenoberfläche. Rinde meist matt bleigrau. Junge Teile häufig behaart.
Blattmerkmale: Wechselständig, einfach, fast ganzrandig oder sehr undeutlich kerbig gezähnt, bis 3,5 cm lang und 2,5 cm breit, eiförmig bis nahezu kreisrund, am Grunde schwach herzförmig oder abgerundet, beidseits grün, etwas glänzend, am Rande leicht rötlich, kurz gestielt.
Weitere Kennzeichen: Zweihäusig.

Kätzchen wenigblütig, um 1 cm.
Blütezeit: VI–VIII, Früchte ab VIII.
Vorkommen: Arktisch-alpine Pflanze auf feuchten, kalkfreien, mäßig sauren Böden. In den Alpen von der Waldgrenze bis etwa 3300 m. Einziger Mittelgebirgsfundort im Riesengebirge.
Wissenswertes: Die Kraut-Weide ist bereits von Carl von Linné als kleinster Baum Europas bezeichnet worden. Bedeutende Zuwachsleistungen sind am Standort dieses Zwerggehölzes nicht möglich.
Verwandte Arten: In der alpinen Höhenstufe gibt es weitere zwergwüchsige Weiden-Arten, etwa die Stumpfblättrige Weide (*Salix retusa*) mit verkehrt-eiförmigen Blättern oder die Quendel-Weide (*Salix serpyllifolia*) mit sehr kleinen, ovalen Blättern und wenigblütigen Kätzchen.

Mispel
Méspilus germánica
Rosengewächse
Rosaceae

Erscheinungsbild: Sommergrüner, nur wenig verzweigter Strauch oder kleiner Baum von 2–5 m Höhe mit abstehenden oder überhängenden Ästen und unregelmäßiger, oft breit ausladender Krone. Wildexemplare meist bedornt, Kulturexemplare unbewehrt.

Blattmerkmale: Wechselständig, einfach, ganzrandig oder wenig gewellt; Blattstiel 1–2 cm lang; Blattspreite lang zungenförmig-oval, zugespitzt, 8–12 cm lang und etwa halb so breit, am Grunde undeutlich herzförmig oder gerundet, oberseits anfangs behaart, später kahl und dunkelgrün glänzend, unterseits hellgrün und leicht filzig; Nebenblätter kurz, lanzettlich. Im Herbst leuchtend gelb.

Weitere Kennzeichen: Blüten einzeln endständig, bis 4 cm breit, 5zählig; Kronblätter rundlich, reinweiß. Apfelfrucht behaart, rotbraun, nicht vollständig geschlossen.

Blütezeit: V–VI, Früchte ab IX.

Vorkommen: Ursprünglich nur in Vorderasien und Südosteuropa. In Mitteleuropa seit dem Altertum eingeführt, stellenweise verwildert.

Wissenswertes: Die Mispel ist eine der Kennpflanzen unter den Gehölzen alter Kloster- und Bauerngärten. Die Früchte wurden wegen ihres Säure- und Gerbstoffgehaltes vielfach bei der Most- und Obstweinbereitung verwendet. Nächster Verwandter der Mispel sind die Weißdorn-Arten, die auch als Pfropfunterlage in Frage kommen. Nist- und Versteckgehölz für Vögel.

Kirschlorbeer, Lorbeer-Kirsche
Prúnus laurocérasus
Rosengewächse
Rosaceae

Erscheinungsbild: Wintergrüner, in der Wuchsform variabler Strauch bis etwa 5 m Höhe oder (seltener) kleiner Baum bis etwa 7 m. Äste und Zweige ziemlich gerade, völlig kahl, mit graubrauner bis grünlicher Rinde.

Blattmerkmale: Wechselständig, einfach, ganzrandig, meist 5–15 cm lang und um 3 cm breit, länglich-lanzettlich, ausnahmsweise zur Spitze hin auch sehr fein gezähnt, ledrig-derb, oberseits dunkelgrün glänzend, unterseits heller, an den Rändern leicht umgebogen, in den Winkeln der leicht vortretenden Blattnerven auf der Unterseite mit Nektardrüsen.

Weitere Kennzeichen: Blüten in aufrechten, etwa fingerlangen und blattlosen Trauben. Kronblätter breit-oval, weiß, berühren sich seitlich nicht. Staubblätter 20, weit vorgestreckt. Steinfrucht schwarz, glänzend, etwa erbsengroß.

Blütezeit: V, oft Nachblüte im Spätsommer; Früchte ab VII.

Vorkommen: Ursprünglich nur in Südosteuropa und im Schwarzmeergebiet beheimatet, seit dem 16. Jahrhundert aber auch in Mitteleuropa als Ziergehölz verwendet und heute fast überall anzutreffen. Verwilderte, eingebürgerte Exemplare im Bodenseegebiet und auf den Britischen Inseln.

Wissenswertes: Alle grünen Teile des Kirschlorbeers enthalten ein Glykosid, aus dem Blausäure abgespalten wird, wenn das Gewebe zerstört wird. Die Pflanze ist daher giftig.

Quitte
Cydónia oblónga
Rosengewächse
Rosaceae

Erscheinungsbild: Sommergrüner, ästiger Strauch von 1–5 m Höhe oder kleiner Baum bis etwa 8 m, mit abstehenden, sparrigen Ästen. Jüngere Zweige dicht filzig behaart, anfangs gelblich-grün, später bräunlich-grün und dunkler punktiert.
Blattmerkmale: Wechselständig, einfach, ganzrandig, 1–2 cm lang gestielt, elliptisch bis breit-oval, 5–10 cm lang und bis 7 cm breit, gewöhnlich zugespitzt und am Grunde abgerundet, oberseits dunkelgrün und mattglänzend, unterseits graugrün und dicht filzig behaart. Nebenblätter nur kurzlebig. Im Herbstaspekt gelb.

Weitere Kennzeichen: Blüten einzeln oder zu 2 an den Enden von Seitenzweigen, 4–6 cm breit, reinweiß oder leicht rosa mit dunkleren Adern. Birnenförmige Scheinfrucht zur Reifezeit goldgelb.
Blütezeit: V–VI, Früchte ab VII.
Vorkommen: Wildvorkommen nur in Vorderasien und Südosteuropa. Sonst nur angepflanzt und gelegentlich (vor allem in Weinbauregionen) auch verwildert.
Wissenswertes: Die wild fast immer nur strauchförmigen Quitten werden in Kultur auf eine stammbildende Unterlage gepfropft. Im Altertum sehr geschätzt: Die ‚Äpfel der Hesperiden‘ und der ‚Apfel der Venus‘ waren wohl Quitten. Scheinfrucht roh nahezu ungenießbar, aber zubereitet sehr köstlich. Auch als Beifrucht in Marmeladen oder Konfitüren.

Tulpen-Magnolie,
Garten-Magnolie
Magnólia × soulangiána
Magnoliengewächse
Magnoliaceae

Erscheinungsbild: Sommergrüner, großer Strauch oder mehrstämmiger kleiner Baum, meist 3–5 m hoch, nur ausnahmsweise höher, mit sehr breiter, weit ausladender Krone und abstehenden, reich verzweigten Ästen. Junge Zweige rundlich und fest, grüngrau oder grünbraun.

Blattmerkmale: Wechselständig, einfach, ganzrandig, mitunter an den Zweigenden büschelig gedrängt, 1–2 cm lang gestielt, 10–15 cm lang, im vorderen Drittel um 5 cm breit, verkehrt-eiförmig, vorne gerundet mit kurzer, aufgesetzter Spitze, am Grunde breit-keilförmig, oberseits mattgrün oder leicht glänzend, kahl, unterseits heller und schwach behaart. Im Herbstaspekt wenig auffällig.

Weitere Kennzeichen: Blüten sehr groß, erscheinen vor dem Laubaustrieb, bleiben aber auch nach der Blattentfaltung noch eine Weile am Gezweig. Blütenblätter innen reinweiß, außen (sortenabhängig) zartrosa bis kräftig purpurn, am Grunde immer deutlich farbintensiver.

Blütezeit: IV–V, Früchte ab VIII.

Vorkommen: Sehr häufige und weit verbreitete Magnolien-Form in Gärten und Parkanlagen, in mehreren Varietäten angepflanzt.

Wissenswertes: Die Tulpen-Magnolie ist ein erbfester Bastard zwischen der ostasiatischen Lilien-Magnolie (*Magnolia denudata*) und der nahe verwandten Japanischen Magnolie (*Magnolia hypoleuca*). Um 1820 in der Nähe von Paris entdeckt.

Faulbaum, Pulverholz
Frángula álnus
Kreuzdorngewächse
Rhamnaceae

Erscheinungsbild: Sommergrüner, aufrechter, mittelgroßer Strauch von schlanker Gestalt, bis etwa 3 m hoch, seltener auch kleiner Baum mit lichter Krone. Rinde hellbraungrau, mit zahlreichen Korkwarzen. Seitenzweige wie beim verwandten Kreuzdorn (siehe S. 46) fast waagerecht abstehend, jedoch immer unbewehrt.

Blattmerkmale: Wechselständig, einfach, ganzrandig, deutlich gestielt, Blattstiel etwa 10 mm lang; Spreite breit-oval bis elliptisch, etwa 6 cm lang und bis 4 cm breit, vorne stumpf oder kurz zugespitzt, mit 7–9 bogig gekrümmten Blattnervenpaaren, randlich leicht gewellt. Oberseite dunkelgrün und mattglänzend, unterseits entlang der Blattnerven behaart. Herbstlaub gelb-rötlichbraun.

Weitere Kennzeichen: Steinfrucht kugelig, unreif scharlachrot, später glänzend schwarz. Giftig.

Blütezeit: V–VI, Früchte ab VIII.

Vorkommen: Verbreitet bis häufig auf mageren, sauren, wechselfeuchten Böden in Auen, Mooren, Brüchen oder im Saum von Laub- und Nadelbeständen.

Wissenswertes: Aus der Rinde des Faulbaums wird eine Droge von stark abführender Wirkung gewonnen. Die aus dem Holz hergestellte Holzkohle war früher Bestandteil des Schwarzpulvers ('Pulverholz'). Die Früchte werden im Herbst von durchziehenden Vogelarten geerntet. Von den Blättern ernähren sich die Raupen des Zitronenfalters.

Berberitze, Sauerdorn
Bérberis vulgáris
Berberitzengewächse
Berberidaceae

Erscheinungsbild: Sommergrüner, aufrechter, schlanker Strauch mit langen, überhängenden Ästen und Zweigen, etwa 1–3 m hoch. Junge Zweige etwas kantig und leicht behaart, später kahl und gelblichgrau berindet. Langtriebe mit charakteristischen Blattdornen (meist 1- bis 3teilig) bewehrt. Holz gelblich.
Blattmerkmale: Wechselständig, einfach, fein gesägt und dornig bewimpert, an den Kurztrieben büschelig angeordnet, kurz gestielt bis fast sitzend, länglich-elliptisch oder spatelig, 1–4 cm lang und im vorderen Drittel bis 1,5 cm breit, oberseits dunkelgrün, unterseits graugrün, kahl. Hübsche Herbstfärbung.

Weitere Kennzeichen: Blüten in endständigen Trauben, seitenständige Blüten 6zählig, Endblüte 5zählig, Kelch- und Kronblätter hellgelb. Beerenfrucht walzenförmig, etwa 1cm lang, von sehr saurem Geschmack (namengebendes Merkmal). Eßbar.

Blütezeit: V–VI, Früchte ab VIII.
Vorkommen: Verbreitet bis häufig auf nährstoffhaltigen, meist basischen Böden an Waldrändern, in Flurgehölzen und Heckensäumen, oft auch in lichten Auengebüschen.

Gemeine Felsenbirne
Amelánchier ovális
Rosengewächse
Rosaceae

Erscheinungsbild: Sommergrüner, aufrechter, meist reichverzweigter Strauch von 1–3 m Höhe mit rundlicher Kontur, Hauptäste lang und ziemlich dünn, dornenlos. Rinde braungrau. Triebe meist kahl.

Blattmerkmale: Wechselständig, einfach, fein gezähnt, 1–1,5 cm lang gestielt, rundlich bis breit-oval, etwa 2,5–4 cm lang und bis 3 cm breit, im Austrieb beidseits behaart, später oberseits kahl und mattgrün, unterseits gelblich behaart. Im Herbstaspekt sehr intensiv verfärbt, meist kräftig gelbrot bis scharlachrot.

Weitere Kennzeichen: Blüten zu 3–6 dicht gedrängt an den Enden von Seitenzweigen, erscheinen wenig vor oder mit dem Laubaustrieb; Kronblätter um 2 cm lang, reinweiß, sehr schmal, weit ausgebreitet. Apfelfrucht mit Kelchresten, etwa erbsengroß, tiefblau bis schwärzlich, mehlig bereift, von angenehmem Geschmack. Eßbar.

Blütezeit: IV–V, Früchte ab VIII.

Vorkommen: Wärmeliebende, trockenheitstolerante Art auf besonnten Felsgesimsen, in lichten Gebüschen und an sommerwarmen Säumen. Hauptverbreitung im südlichen Mittel- und in Südeuropa.

Wissenswertes: Die schmackhaften Apfelfrüchte wurden zeitweise als Korinthenersatz in Gebäck verwendet. Gewöhnlich werden sie von Vögeln, besonders von Drosseln, abgeerntet. Die verwandte Kanadische Felsenbirne (*A. lamarckii*) aus Nordamerika wird häufig als Ziergehölz verwendet.

Europäischer Feuerdorn
Pyracántha coccínea
Rosengewächse
Rosaceae

Erscheinungsbild: Wintergrüner, sehr dicht verzweigter Strauch mit sparrig abstehenden oder ausladenden Ästen, etwa 1–3 m hoch. Junge Zweige behaart, später kahl und rotbraun glänzend berindet. Kurztriebe gewöhnlich verdornt, ihrerseits mit noch kürzeren (um 1 cm langen) Sproßdornen besetzt.

Blattmerkmale: Wechselständig, einfach, fein gezähnt, kurz gestielt, länglich-lanzettlich bis elliptisch, an Langtrieben bis 8 cm lang, sonst um 4 cm lang und bis 1,5 cm breit, etwas ledrig-derb, vorne rundlich mit kurzer Stachelspitze, oberseits glänzend und dunkelgrün, unterseits matt hellgrün und auf den Blattnerven leicht behaart. Blätter überwintern, werden aber im nachfolgenden Frühjahr zum Teil abgestoßen.

Weitere Kennzeichen: Blüten sehr zahlreich in Rispen an Kurztrieben. Kronen gelblich-weiß. Apfelfrucht etwa erbsengroß, kugelig, scharlachrot oder rotorange. Eßbar.

Blütezeit: V–VI. Mitunter späte Nachblüte, Früchte ab IX.

Vorkommen: Ursprünglich nur in Südeuropa (Italien, Balkanhalbinsel) in Gebüschen auf Kalkgestein. Seit langem in mehreren Gartenformen als Ziergehölz angepflanzt. Raschwüchsig und anspruchslos.

Wissenswertes: Die Früchte bleiben als sogenannte Wintersteher auch in den kalten Monaten am Gehölz und dienen Durchzüglern als Nahrung. Sie wurden gelegentlich zu Marmelade oder Konfitüre verarbeitet. Samen als Kaffee-Ersatz.

Sauerkirsche, Echte Weichsel
Prúnus cérasus
(*Cérasus vulgáris*)
Rosengewächse
Rosaceae

Erscheinungsbild: Sommergrüner, größerer Strauch oder kleiner Baum bis etwa 8 m Höhe mit wenig entwikkeltem Hauptstamm oder mehrstämmig, immer von Grund an verzweigt. Äste aufrecht oder ausgebreitet. Rinde rötlich-braun.

Blattmerkmale: Wechselständig, einfach, rundlich-stumpf gesägt bis gezähnt, oval bis elliptisch, 3–8 cm lang und 2–5 cm breit, lang gestielt, Blattstiel 1–3 cm lang, oberseits mattgrün oder leicht glänzend, unterseits heller. Am Übergang von Blattspreite und Blattstiel häufig mit grünlich-gelben Nektardrüsen.

Weitere Kennzeichen: Blüten zu 2–6 in Büscheln, kurz vor der Laubentfaltung. Kronblätter 5, bis 1,5 cm lang, reinweiß. Steinfrüchte kugelig, glatt, vorne wenig abgeflacht.

Blütezeit: IV–V, Früchte ab VII.

Vorkommen: Ursprünglich nur in Südwestasien beheimatet, von den Römern nach Mitteleuropa gebracht und in vielen Kulturvarietäten angepflanzt. Auch verwildert.

Wissenswertes: Die Kirschblüten sind duftlos. Sie werden dennoch eifrig von pollen- und nektarsammelnden Insekten (Bienen, Hummeln, Schwebfliegen) besucht.

Verwandte Arten: Die Zwerg-Kirsche oder Zwerg-Weichsel (*Prunus fruticosa*) ist ein etwa 1,5 m hoher Strauch mit 3–4 cm langen, stumpflichen Blättern in sonnigen Gebüschen an Wegrändern oder Weinbergen. Nördlich nur bis zur Main-Nahe-Linie.

Vogel-Kirsche, Wild-Kirsche
Prúnus ávium (Cérasus ávium)
Rosengewächse
Rosaceae

Erscheinungsbild: Sommergrüner, meist hochstämmiger Baum von 10–25 m (selten bis 30 m) Höhe mit regelmäßiger, hoher, rundlicher Krone. Äste aufrecht oder abstehend, glatt kupferbraun berindet, von querlaufenden Korkbändern unterbrochen. Zweige rundlich oder leicht zusammengedrückt, kahl, bräunlich. Klare Gliederung in Lang- und (sehr schwachwüchsige) Kurztriebe.

Blattmerkmale: Wechselständig, einfach, ziemlich regelmäßig gesägt, mit 2–4 cm langem Blattstiel, länglich-oval bis elliptisch, lang zugespitzt, etwa 7–12 cm lang und bis 6 cm breit, oberseits kahl, etwas glänzend frischgrün, unterseits nur auf den Blattnerven leicht behaart. An der Basis der Blattspreite 2–4 sehr auffällige, meist kirschrote Nektardrüsen.

Weitere Kennzeichen: Blüten erscheinen kurz vor der Blattentfaltung zu 2–3 an belaubten Kurztrieben. Kronblätter reinweiß. Steinfrüchte kugelig, etwa 1 cm dick, schwarzrot, von angenehmem Geschmack mit leicht bitterer Note.

Blütezeit: IV–V, Früchte ab VII.

Vorkommen: Weit verbreitet, aber fast immer vereinzelt in Laubmischbeständen, an Waldrändern oder in Flußauen.

Wissenswertes: Die Vogel-Kirsche ist die Stammform der kultivierten Süßkirschenformen. Das rötlichbraune Kirschbaumholz wird in der Möbeltischlerei und im Kunsthandwerk vielfach verarbeitet.

Trauben-Kirsche
Prúnus pádus (*Pádus ávum*)
Rosengewächse
Rosaceae

Erscheinungsbild: Sommergrüner, oft mehrstämmiger Baum bis etwa 15 m Höhe oder großer Strauch bis etwa 8 m, mit rundlicher oder schlanker Krone. Äste aufrecht oder abstehend, dunkelbraun bis schwärzlich berindet. Junge Zweige glatt, kahl, mit Korkwarzen punktiert, zunächst heller braun, später graubraun.

Blattmerkmale: Wechselständig, einfach, sehr gleichmäßig gesägt, 1–2 cm lang gestielt, länglich-elliptisch, an beiden Enden verschmälert, vorne lang zugespitzt, 6–10 cm lang und um 5 cm breit, oberseits matt dunkelgrün, unterseits leicht bläulich. An der Basis der Blattsprei-

te oder am Blattstiel 2 grünliche, nicht sehr auffällige Nektardrüsen.

Weitere Kennzeichen: Blüten mit oder kurz nach der Laubentfaltung in überhängenden, vielblütigen Trauben. Kronblätter reinweiß, ausgebreitet, um 5 mm lang. Steinfrucht kugelig, etwa erbsengroß, glänzend schwarzrot, von charakteristischem Geruch und bittersüßem Geschmack. Eßbar.

Blütezeit: V–VI, Früchte ab VII.

Vorkommen: Weit verbreitet auf feuchten bis nassen, nährstoffreichen und tiefgründigen Böden in Auenwäldern und -gebüschen oder an Waldrändern. Im Gebirge bis etwa 1500 m, dort aber nur strauchig.

Verwandte Arten: Die Spätblühende Traubenkirsche (*Prunus serotina*) wird gern an Straßen angepflanzt. Sie stammt aus Nordamerika.

Pflaume, Zwetschge
Prúnus doméstica
Rosengewächse
Rosaceae

Erscheinungsbild: Sommergrüner Obstbaum auf geradem, meist schlankem Stamm, etwa 10–15 m hoch, seltener auch großer, mehrstämmiger Strauch. Krone unregelmäßig und meist licht. Jüngere Zweige anfangs behaart, später kahl und bräunlich. Äste mitunter mit Kurztriebdornen.

<u>Blattmerkmale:</u> Wechselständig, einfach, fein gekerbt bis gesägt, an den Triebenden mitunter büschelig, 1–2 cm lang gestielt, verkehrt-eiförmig bis elliptisch, 3–8 cm lang, 2–5 cm breit, an beiden Enden verschmälert, oberseits mattgrün, unterseits heller und schwach kurzhaarig oder flaumig.

<u>Weitere Kennzeichen:</u> Blüten zu 2–3 erscheinen etwa mit dem Laubaustrieb an Kurztrieben. Kronblätter reinweiß, rundlich (Pflaume) oder länglich (Zwetschge). Steinfrucht 2–7 cm lang, kugelig-länglich, sortenabhängig gelblich oder blaubereift.
<u>Blütezeit:</u> III–IV, Früchte ab VII.
<u>Vorkommen:</u> In zahlreichen Sorten, meist auf lehmigen, warmen Standorten angepflanzt.
<u>Wissenswertes:</u> Pflaume und Zwetschge sind nur aus der Kultur bekannte Obstgehölze, die vermutlich im Orient aus der Kreuzung Schlehe (S. 106) × Kirschpflaume (S. 104) entstanden und zwei Formenkreise, nämlich *Prunus domestica* ssp. *insititia* (mit Pflaume, Haferpflaume, Reineclaude) und *Prunus domestica* ssp. *domestica* (mit Zwetschge und Mirabelle) herausbildeten.

Weichsel-Kirsche, Weichsel
Prúnus máhaleb
Rosengewächse
Rosaceae

Erscheinungsbild: Sommergrüner, mittelgroßer bis großer Strauch von 3–10 m Höhe, selten auch kleinerer Baum, aber fast immer mehrstämmig. Äste reich verzweigt, aufrecht oder breit ausladend. Zweige zunächst schwach drüsig behaart, später kahl, bräunlich, mit Korkwarzen heller punktiert.

Blattmerkmale: Wechselständig, einfach, fein kerbig gesägt, lang gestielt, Blattstiel bis 1,5 cm lang, breitoval, 2–5 cm lang und bis 2,5 cm breit, am Grunde leicht herzförmig oder abgerundet, kurz zugespitzt, oberseits dunkelgrün und glänzend, unterseits matt und entlang der Nerven wenig behaart. An der Basis der Spreite ungleich große, grünliche Nektardrüsen.

Weitere Kennzeichen: Blüten erscheinen mit der Belaubung. Steinfrucht kugelig, dunkelrot bis schwärzlich, unbereift, genießbar, aber wenig schmackhaft.

Blütezeit: IV–V, Früchte ab VIII.

Vorkommen: Verbreitet bis zerstreut an besonnten, trockenen Standorten in Felsgebüschen, an Waldsäumen und entlang von Kiefernbeständen. In Deutschland nur im Rhein-/Nahe-/Donau-Gebiet. Selten angepflanzt.

Wissenswertes: Die Stein-Weichsel ist eine geschätzte Veredlungsunterlage für Süß- und Sauerkirschen.

Verwandte Arten: Die Kirschpflaume (*Prunus cerasifera*) hat längliche Blätter und wird gelegentlich in Gärten angepflanzt. Heimat Zentralasien.

Schlehe, Schwarzdorn
Prúnus spinósa
Rosengewächse
Rosaceae

Erscheinungsbild: Sommergrüner, mittelgroßer Strauch bis etwa 3 m Höhe mit reichverzweigten, sparrig abstehenden oder aufrechten Ästen. Bildet nahezu undurchdringliche Heckenkörper. Junge Zweige anfangs samtig, später kahl und dunkelgrün. Langtriebe mit rechtwinklig abstehenden Kurztriebdornen.

Blattmerkmale: Wechselständig, einfach, scharf gesägt, länglich-elliptisch bis verkehrt-eiförmig, kurz gestielt, 3–6 cm lang und bis 2 cm breit, oberseits matt dunkelgrün, unterseits anfangs flaumhaarig, später kahl und mittelgrün. Blattspreite am Grunde mit Nektardrüsen.

Weitere Kennzeichen: Blüten zu 1–3 überall am Strauch an Kurztrieben und lange vor dem Laubaustrieb, besonders auffälliger und prächtiger Blühaspekt (siehe Bild rechts). Steinfrüchte kugelig, etwa 1–1,5 cm dick, schwärzlich, aber meist blau bereift, von sehr herb adstringierendem Geschmack. Genießbar erst nach Frost oder Tiefgefrieren.

Blütezeit: III–IV, Früchte ab IX.
Vorkommen: Verbreitet bis häufig auf verschiedenen Bodentypen in Hecken und Säumen, an Waldrändern, Felsgebüschen oder Flurgehölzen.

Mehlbeere
Sórbus ária
Rosengewächse
Rosaceae

Erscheinungsbild: Sommergrüner, meist um 6–12 m hoher (selten noch höherer) Baum mit aufrechtem, geradem Stamm und sehr gleichmäßiger, meist flach gewölbter Krone. Junge Zweige filzig behaart, später hellbraun oder rötlich und kahl. Rinde im Alter zunehmend rissig und mittelgrau.
Blattmerkmale: Wechselständig, einfach, ungleichmäßig doppelt gesägt, mit 1,5 cm langem Blattstiel, im Umriß länglich-oval, am Grunde breit keilförmig, vorne kurz zugespitzt, 5–8 cm lang und 4–6 cm breit, oberseits dunkelgrün und glänzend, unterseits dicht filzig behaart. Im Herbst goldgelb oder gelblichrot.

Weitere Kennzeichen: Blüten zahlreich in endständigen Schirmrispen. Kronblätter 3 mm lang, ausgebreitet, cremeweiß. Apfelfrüchte bis 15 mm lang, orangerot bis scharlachrot, mit mehligem Fruchtfleisch, ohne besonderen Geschmack. Nach Erhitzen eßbar.
Blütezeit: V–VI, Früchte ab IX.
Vorkommen: Gewöhnlich in trockener, sommerwarmer Lage an Felshängen, in Gebüschsäumen und an Waldrändern. In Deutschland wild nur bis zum Nordrand der Mittelgebirge (Weinbauregion), sonst gelegentlich an Straßen und an Wegrändern angepflanzt.
Wissenswertes: Das Holz der Mehlbeere wird kaum genutzt. Die kleinen Apfelfrüchte wurden früher gesammelt, zu Fruchtmus verarbeitet oder als Mehlersatz (Name!) im Brot verbacken.

Holz-Apfel, Kultur-Apfel
Málus sylvéstris (*M. doméstica*)
Rosengewächse
Rosaceae

Erscheinungsbild: Sommergrüner, großer Strauch von 3–5 m mit aufsteigenden oder ausgebreiteten Ästen, gelegentlich auch Baum bis 10 m Höhe und breiter Krone. Wildpflanze mit bedornten Ästen, Kulturpflanze dornenlos.
Blattmerkmale: Wechselständig, einfach, gekerbt oder gesägt, manchmal undeutlich doppelt gesägt, mit 2–5 cm langem Blattstiel, 6–9 cm lang und bis 5 cm breit, eiförmig oder elliptisch, kurz zugespitzt, anfangs auf beiden Seiten dicht behaart, später oberseits verkahlend und glänzend dunkelgrün. Im Herbstaspekt unauffällig gelblich-braun.

Weitere Kennzeichen: Blüten zu 3–8 in Doldentrauben am Ende von Kurztrieben, bis 4 cm breit. Kronblätter innen weiß bis hellrosa, außen dunkler rosa bis rötlich; Staubblätter gelb. Apfelfrucht der Wildpflanze etwa tischtennisballgroß, gelbgrün, nur auf der Sonnenseite leicht gerötet, von herb-saurem Geschmack.
Blütezeit: IV–V, Früchte ab IX.
Vorkommen: Verbreitet in Gebüschen, Hecken, Auengehölzen auf nährstoffreichen, frischen Lehm- und Steinböden.
Wissenswertes: Die Apfelblüte gilt als phänologischer Frühlingsbeginn. Die Wildart ist nicht immer deutlich von verwilderten Kultursorten zu unterscheiden, deren Stammform sie ist. Die Apfelkultur begann in Mitteleuropa etwa mit der Jüngeren Steinzeit, wie Kernfunde beweisen.

Holz-Birne, Kultur-Birne
Pýrus pyráster (Pýrus commúnis)
Rosengewächse
Rosaceae

Erscheinungsbild: Sommergrüner, mittelgroßer Strauch mit sehr sparriger Verzweigung, etwa 2–4 m hoch, oder (auch als Wildpflanze) Baum von 8–20 m Höhe. Zweige kahl, hell- oder dunkler braun, mit Dornen an den Kurztriebenden, nur bei den Kultursorten dornenlos.

Blattmerkmale: Wechselständig, einfach, am Rande sehr fein gesägt, am Grunde meist glattrandig, mit 2–5 cm langem Blattstiel; Spreite rundlich-oval bis breit-elliptisch, am Grunde schwach herzförmig oder abgerundet, vorne kurz zugespitzt, 3–7 cm lang und 2–5 cm breit, nur kurz nach dem Austrieb behaart, sonst immer kahl.

Weitere Kennzeichen: Blüten zu 3–9 in Doldentrauben an den Kurztrieben, bis 3 cm breit. Kronenblätter reinweiß, Staubblätter rot. Die Birne ist eine gestielte Apfelfrucht, etwa 4–5 cm lang, gelblich-rot, von herbem Geschmack. Eßbar.

Blütezeit: IV–V, Früchte ab IX.
Vorkommen: Verbreitet, aber immer vereinzelt in Hecken und Gebüschen an sonnigen, nicht allzu trockenen Lagen. Auch in lichten Wäldern und Auenbeständen. Gelegentlich als Wildäsung angepflanzt.

Hänge-Birke, Weiß-Birke
Bétula péndula
Birkengewächse
Betulaceae

Erscheinungsbild: Sommergrüner, charakteristischer Baum mit geradem oder gekrümmtem Stamm und lichter, etwas unregelmäßiger Krone, 10–20 (25) m hoch. Äste und Zweige überhängend. Rinde weiß, mit dunkleren bis schwärzlichen Querbinden. An der Stammbasis mit groben, längsrissigen, schwarzen Leisten gefeldert. Junge Triebe mit warzigen Drüsen besetzt ('Warzen-Birke').

Blattmerkmale: Wechselständig, einfach, gleichmäßig doppelt gesägt, ungefähr von dreieckigem Umriß, mit lang ausgezogener Spitze, etwa 4–7 cm lang und um 3 cm breit, dünn, beidseits kahl, nur nach dem Austrieb leicht klebrig. Im Herbstaspekt schön goldgelb.

Weitere Kennzeichen: Einhäusig. Männliche Kätzchen an den Enden älterer Triebe, weibliche Kätzchen an der Spitze jüngerer Kurztriebe. Nußfrucht etwa 2–3 mm groß, rundum häutig geflügelt.

Blütezeit: IV–V, Früchte ab VIII.

Vorkommen: Weit verbreitet und häufig auf sandigen, mageren Böden, in Schlagfluren, aufgelassenen Steinbrüchen, an Waldrändern und Feldgehölzen. Pioniergehölz auf Brachen. In Südeuropa nur in den höheren Gebirgslagen.

Wissenswertes: Das Holz der Weiß-, Hänge-, Warzen- oder Sand-Birke ist ziemlich zäh und fest. Es wird in der Tischlerei für Gartenmöbel, ferner in Sperrholz und zu Wäscheklammern verarbeitet. Hoher Heizwert, daher begehrtes Kaminholz.

Moor-Birke
Bétula pubéscens
Birkengewächse
Betulaceae

Erscheinungsbild: Sommergrüner, aufrechter, oft mehrstämmiger Baum von 10–30 m Höhe, mitunter auch strauchig, mit aufrechten, nicht überhängenden Zweigen. Rinde grauweiß oder schmutzig-weiß, an der Stammbasis erst spät in schwärzliche Borke übergehend.
Blattmerkmale: Wechselständig, einfach, einfach oder undeutlich doppelt gesägt, bis 2,5 cm lang gestielt, im Umriß eher rautenförmig, 3–5 cm lang und bis 3,5 cm breit, vorne sehr kurz zugespitzt, nach dem Laubaustrieb flaumig behaart, später kahl.
Weitere Kennzeichen: Einhäusig. Männliche Kätzchen aufgeblüht bis 7 cm lang und schlaff hängend, weibliche Kätzchen aufrecht. Nußfrucht schmaler geflügelt als bei der Weiß-Birke.
Blütezeit: IV–V, Früchte ab VIII.
Vorkommen: Verbreitet bis häufig auf feuchten, mäßig nährstoffversorgten, sauren Moor- und Sandböden. Meist in Naßwiesen und Hochmooren, in Brüchen und verschiedenen Magerstandorten.
Wissenswertes: Weiß-Birke und Moor-Birke sind nicht immer leicht zu unterscheiden, zumal es im gemeinsamen Verbreitungsgebiet auch Bastarde gibt. Viele Birken in Gärten und Parkanlagen sind solche Hybriden.
Eine meist strauchig wachsende Unterart mit gelblich-rötlicher Rinde, die Karpaten-Birke, kommt in der Rhön und im Bayerischen Wald vor.

Zwerg-Birke
Bétula nána
Birkengewächse
Betulaceae

Erscheinungsbild: Sommergrüner, niederliegender oder aufrechter kleiner Strauch, dessen Äste sich kaum mehr als 50 cm über den Boden erheben. Zweige ohne Harzdrüsen, glänzend dunkelbraun. Äste ziemlich knorrig und schwärzlich berindet.

Blattmerkmale: Wechselständig, einfach, tief gekerbt, kurz gestielt bis sitzend, angenähert kreisrund und weniger breit als rund, etwa 1–1,5 cm groß, oberseits dunkelgrün, unterseits mit deutlich vortretenden Blattnerven, leicht klebrig. Im Herbstaspekt goldgelb, in kälteren Klimaten auch rötlich.

Weitere Kennzeichen: Einhäusig.

Männliche Kätzchen sitzend, aufrecht, gelblich. Weibliche Kätzchen bräunlich-gelb, ebenfalls aufrecht. Nußfrucht schmal geflügelt.

Blütezeit: IV–V, Früchte ab IX.

Vorkommen: Selten bis zerstreut in nassen, nährstoffarmen, sauren Torfböden in Zwergstrauchheiden und Mooren. In Nordeuropa in der Tundra bestandsbildend. In Deutschland nur in der Norddeutschen Tiefebene, im Harz und im Alpenvorland. Gelegentlich auch als Ziergehölz angeboten.

Verwandte Arten: Die Strauch-Birke (*Betula humilis*) ist ein Gehölz von 1–3 m Höhe mit rundlich-ovalen Blättern. Der reichästige Strauch bewohnt Moorwiesen und Brücher in Norddeutschland und im bayerischen Voralpenland. Beide kleinwüchsigen Birken sind hochgradig gefährdet.

Grau-Erle
Álnus incána
Birkengewächse
Betulaceae

Erscheinungsbild: Sommergrüner Baum oder Strauch zwischen 3 und 15 m Höhe, gelegentlich mehrstämmig, mit dichter, kegelig aufgebauter Krone. Junge Zweige leicht graufilzig, später kahl. Rinde der älteren Äste glatt, hellgrau, mit korkigen Streifen. Winterknospen deutlich gestielt.

Blattmerkmale: Wechselständig, einfach, doppelt gesägt, oval bis elliptisch, 5–9 cm lang und bis 6 cm breit, 2–3 cm lang gestielt, zugespitzt, am Grunde abgerundet, mit 7–12 größeren Seitennervenpaaren, oberseits dunkelgrün und kahl, unterseits graugrün bis bläulich, anfangs graufilzig, später nur noch auf den Blattnerven behaart. Keine auffällige Verfärbung im Herbst, das Laub bleibt lange grün.

Weitere Kennzeichen: Einhäusig, lange vor der Laubentfaltung blühend. Männliche Kätzchen endständig, frei überwinternd. Weibliche Blütenstände in den Blattachseln, zur Reifezeit als zentimetergroße Zapfengebilde mit schmal geflügelten Nußfrüchten.

Blütezeit: III–IV, Früchte ab IX.

Vorkommen: Häufig auf kiesig-sandigen Lockerböden in Auengebieten und auf sickerfeuchten Hängen. Fehlt im nordwestdeutschen Tiefland und in den nordwestlichen Mittelgebirgen.

Wissenswertes: Die Grau-Erle wird als Bodenfestiger gerne auf Halden und rutschgefährdeten Hängen gepflanzt. Sie erträgt Rückschnitt. Gutes Stockausschlagsvermögen.

Schwarz-Erle
Álnus glutinósa
Birkengewächse
Betulaceae

Erscheinungsbild: Sommergrüner, mittelgroßer Baum bis etwa 25 m Höhe mit geradem oder aufwärts gebogenem Stamm. Äste aufsteigend oder abstehend. Krone zylindrisch oder rundlich gewölbt, nicht spitz. Junge Zweige rötlich-grün, glänzend. Äste und Stämme mit dunkelgrauer bis schwärzlicher Rinde.
Blattmerkmale: Wechselständig, einfach, lang gestielt, buchtig gesägt, breit keilförmig, vorne oft ausgerandet oder wenig zugespitzt, mit 5–7 Seitennervenpaaren, oberseits dunkelgrün, unterseits mit gelblichen Haarbüscheln.
Weitere Kennzeichen: Einhäusig,

die Blüten lange vor dem Laubaustrieb. Weibliche Blütenstände reifen zu holzigen, bis 2 cm langen Zapfen heran. Holz orangerot.
Blütezeit: III–IV, Früchte ab IX.
Vorkommen: Kennzeichnendes Begleitgehölz von Bach- und Flußauen oder in Schluchtwäldern und Erlenbrüchern. Sehr unempfindlich gegen Staunässe. Vor allem in Tieflagen.

Verwandte Arten: Die Grün-Erle (*Alnus viridis*) ist ein kleiner Strauch auf sickerfeuchtem Moränenschutt der Hochgebirge. Sie bildet dort einen hochwirksamen Lawinenschutz.

Gemeine Hasel, Haselnuß
Córylus avellána
Haselnußgewächse
Corylaceae

<u>Erscheinungsbild:</u> Sommergrüner, meist ziemlich stattlicher Strauch von 2–6 m Höhe, meist vielstämmig, mit aufrechten Ästen und breiter, dichter Krone. Junge Zweige rotborstig, rutenförmig, biegsam, Äste glatt berindet, mit waagerechten, hellen Korkmalen.

<u>Blattmerkmale:</u> Wechselständig, einfach, doppelt gesägt, Blattstiel um 10 cm lang, drüsig behaart; Blattspreite breit-oval bis rundlich, 6–10 cm lang und fast ebenso breit, am Grunde herzförmig, vorne zugespitzt, oberseits stumpfgrün, unterseits auf den größeren Blattnerven behaart. Im Herbstaspekt schön gelblich bis gelbbraun.

<u>Weitere Kennzeichen:</u> Einhäusig, männliche Kätzchen und weibliche, knospenartige Blüten getrennt auf der gleichen Pflanze, erscheinen lange vor dem Laubaustrieb.
<u>Blütezeit:</u> II–IV (ausnahmsweise auch schon I), Haselnüsse ab IX.

<u>Vorkommen:</u> Meist an mäßig trockenen, sommerwarmen Stellen im Saum von Gebüschen, an Waldrändern, in Feldgehölzen und an Rainen. Im Gebirge bis etwa 1000 m.

Baum-Hasel
Córylus colúrna
Haselnußgewächse
Corylaceae

Erscheinungsbild: Sommergrüner, kleiner Baum mit geradem, aufrechtem Stamm und abstehenden, fast quirlständig angeordneten Seitenästen, etwa 8–15 (20) m hoch. Krone von regelmäßig pyramidalem Aufbau. Rinde hellbraun, an älteren Ästen rissig und korkig. Junge Zweige dicht drüsig behaart.

Blattmerkmale: Wechselständig, einfach, doppelt gesägt und undeutlich gelappt, rundlich-oval, etwa 8–10 cm lang und fast ebenso breit, am Grunde herzförmig, vorne mit schlanker Spitze, oberseits glänzend frischgrün, unterseits heller und auf den Blattnerven behaart. Im Herbstaspekt unauffällig gelb.

Weitere Kennzeichen: Einhäusig, männliche Kätzchen und knospenartige weibliche Blüten erscheinen lange vor dem Laubaustrieb. Blättrige Hülle um die einsamige Nußfrucht tief zipfelig geteilt und beidseits dicht drüsig behaart. Nußfrucht bis 2 cm lang. Eßbar.

Blütezeit: III–IV, Früchte ab IX.

Vorkommen: Ursprünglich in den Bergwäldern Südosteuropas und Kleinasiens. In Mitteleuropa häufig als Ziergehölz.

Wissenswertes: Die im Handel erhältlichen Haselnüsse sind meist die Früchte dieses Baumes oder der nahe verwandten Lamberts-Hasel (*Corylus maxima*), eines kräftigen Strauches in den Laubwäldern der Balkanhalbinsel. Von dieser Art wird bei uns mitunter eine rotlaubige Varietät, die sogenannte Blut-Hasel, in Parks und Gärten gepflanzt.

Hainbuche, Weißbuche
Carpínus bétulus
Haselnußgewächse
Corylaceae

Erscheinungsbild: Sommergrüner, bis 25 m hoher, reichverzweigter Baum mit hoher, gewölbter, dichter Krone auf geradem, spannrückigem Stamm. Rinde auch im Alter ziemlich glatt, dunkelgrau, mit hellerem Netzmuster. Zweige biegsam, hell punktiert.

Blattmerkmale: Wechselständig, einfach, doppelt gesägt, mit 1,5 cm langem Blattstiel, länglich-oval, vorne zugespitzt, am Grunde schwach herzförmig, 5–10 cm lang und bis 6 cm breit, oberseits dunkelgrün, unterseits heller und auf den Nerven leicht behaart, meist ziehharmonikaartig gefaltet (Knospenlage). Im Herbst hell- bis leuchtend gelb.

Weitere Kennzeichen: Einhäusig. Blütenkätzchen erscheinen mit der Belaubung. Weibliche Kätzchen zur Reife etwa fingerlang, mit Nußfrüchten an 3lappigen Tragblättern, die als Flugorgan dienen.

Blütezeit: V–VI, Früchte ab IX.

Vorkommen: Wichtiger waldbildender Laubbaum, daher meist bestandsbildend von der Ebene bis ins untere Bergland bis etwa 900 m.

Wissenswertes: Hainbuchen bevorzugen trockenere, sommerwarme Standorte. Sie neigen zu Stockausschlag und wurden daher in der Niederwaldwirtschaft gefördert. Sehr gutes Heckengehölz (beispielsweise in den schleswig-holsteinischen Knicks) mit großer Bedeutung als Wohn- und Schutzraum für Kleintiere. Sollte aus Gründen der Landschaftsästhetik auch sonst als Flurgehölz gefördert werden.

Eß-Kastanie, Edel-Kastanie
Castanéa satíva
Buchengewächse
Fagaceae

Erscheinungsbild: Sommergrüner, sehr stattlicher Baum bis fast 30 m mit kegeliger oder gewölbter, meist sehr regelmäßiger Krone. Junge Zweige kantig, kahl, grünbraun, heller punktiert. Borke dunkelbraun und stark längsrissig.
Blattmerkmale: Wechselständig, einfach, gleichmäßig gesägt bis grannenspitzig: die Seitennerven laufen in die Blattrandspitzen aus; etwa 10–30 cm lang und bis 8 cm breit, länglich-lanzettlich, zugespitzt, am Grunde keilförmig oder angedeutet herzförmig, oberseits glänzend dunkelgrün, unterseits hellgrün, beidseits kahl.
Weitere Kennzeichen: Einhäusig.

Männliche Kätzchen zahlreich, bis etwa 15 cm lang; weibliche Blüten in Gruppen zu 2–3 an der Basis der männlichen Kätzchen. Nußfrüchte (Maronen) zu 1–3 in stacheligen Becherhüllen.

Blütezeit: VI–VIII, Früchte ab X.
Vorkommen: Heimisch nur südlich der Alpen. Vermutlich schon zur Römerzeit in die Gebiete nördlich der Alpen eingeführt und dort in den Weinbauregionen eingebürgert.

Gemeine Buche, Rot-Buche
Fágus sylvática
Buchengewächse
Fagaceae

Erscheinungsbild: Sommergrüner, sehr stattlicher Baum von 25–30 m Höhe mit hoher, kuppelförmiger, im Freistand auch sehr breiter Krone. Jüngere Zweige dünn, nur nach dem Austrieb behaart, sonst kahl und glatt, rötlich-braun. Rinde älterer Äste und der Stämme bleigrau und ziemlich glatt. Winterknospen abstehend (Unterschied zur Hainbuche).

Blattmerkmale: Wechselständig, einfach, breit-oval bis elliptisch, am Rande wenig gekerbt oder gezähnt, an beiden Enden verschmälert, vorne mit kurzer Spitze, etwa 5–10 cm lang und 3–7 cm breit, Blattstiel 1–1,5 cm lang, nach dem Austrieb seidig behaart, oberseits später kahl und glänzend dunkelgrün, unterseits heller, mit langen, seidigen Wimperhaaren am Blattrand. Im Herbstaspekt kräftig gelblich-braun.

Weitere Kennzeichen: Einhäusig. Blütenstände erscheinen mit der Belaubung an jungen Trieben. Männliche Blüten zahlreich in hängenden Büscheln; weibliche Blüten zu 2 in einer 4klappigen Hülle, die zu einem holzigen Becherorgan wird. Bucheckern sind Nußfrüchte.

Blütezeit: IV–V, Früchte ab IX.

Vorkommen: Wichtiger waldbildender Laubbaum auf mittelgründigen, nicht staunassen basischen oder sauren Böden, im Gebirge nur etwa bis 900 m aufsteigend.

Wissenswertes: Die Früchte werden von vielen Kleintieren gesammelt. Die in Parks gepflanzte Blut-Buche ist eine dekorative Varietät.

Silber-Weide
Sálix álba
Weidengewächse
Salicaceae

Erscheinungsbild: Sommergrüner, gewöhnlich großer Baum bis etwa 25 m mit kräftigem, aufrechtem Stamm und steil aufgerichteten Ästen. Junge Zweige anliegend behaart, rotbraun bis gelbbraun. Borke graubraun, sehr tiefrissig.

Blattmerkmale: Wechselständig, einfach, fein gesägt und drüsig, lanzettlich, an beiden Enden verschmälert, bis 10 cm lang und 2 cm breit, Ränder nicht umgeschlagen oder eingerollt, oberseits dunkelgrün, unterseits graublau, dicht seidig behaart, erst im späteren Sommer verkahlend. Herbstlaub hellgelb.

Weitere Kennzeichen: Zweihäusig.
Männliche Kätzchen aufrecht, erscheinen mit den Blättern. Weibliche Kätzchen gebogen, sehr schlank, mit einzelner Nektardrüse.

Blütezeit: IV–V, Früchte ab V.

Vorkommen: Weit verbreitet und häufig entlang von Fließgewässern, Kennart des Silberweidenwaldes in der Weichholzaue der Talniederungen. Hauptverbreitung in Stromtälern. Wenig angepflanzt.

Wissenswertes: Auch von der Silber-Weide wurden früher die 2–3jährigen Ruten für Flecht- und Bindearbeiten geschnitten. Dadurch wurden die Weiden zu malerischen Kopfbäumen (wertvolle Nistgehölze für Höhlen- und Nischenbrüter) umgestaltet. Die als Ziergehölz angepflanzte Trauer-Weide ist eine Varietät der Silber-Weide. Verwechslungsmöglichkeiten bestehen zur folgenden Art.

Bruch-Weide, Knack-Weide
Sálix frágilis
Weidengewächse
Salicaceae

Erscheinungsbild: Sommergrüner, meist einstämmiger Baum bis etwa 15 m Höhe, seltener auch größerer Strauch, mit lockerer, etwas unregelmäßiger Krone. Zweige gelb bis bräunlich, kahl, glänzend, mitunter sehr lang und schlank, brechen an ihren Ansatzstellen mit vernehmlichem Knacken (Name!) ab.

Blattmerkmale: Wechselständig, einfach, unregelmäßig gekerbt oder gezähnt, mit Drüsen in den Buchten zwischen den Blattrandzähnen, gestielt, 7–15 cm lang und bis 3 cm breit, lanzettlich, in der Mitte am breitesten, an beiden Enden verschmälert, lang zugespitzt, oberseits glänzend dunkelgrün, unterseits hell-grün, auch nach dem Austrieb immer völlig kahl (wichtiger Unterschied zur Silber-Weide). Im Herbstaspekt hellgelb.

Weitere Kennzeichen: Zweihäusig. Männliche und weibliche Kätzchen erscheinen mit den Blättern.

Blütezeit: III–IV, Früchte ab V.

Vorkommen: Auf kiesig-sandigen Auenböden entlang von Fließgewässern.

Wissenswertes: Die Zweige sind als Flechtmaterial ungeeignet. Hervorragender Uferfestiger wegen weitreichender Bewurzelung. Bastardiert häufig mit anderen Weiden-Arten.

Verwandte Arten: Die Purpur-Weide (*Salix purpurea*) hat purpurrote, kahle Zweige und lanzettliche, unbehaarte Blätter mit matt blaugrüner Unterseite. Häufiger Strauch im Ufersaum von Wasserläufen.

Schwarz-Pappel
Pópulus nígra
Weidengewächse
Salicaceae

Erscheinungsbild: Sommergrüner, sehr stattlicher Baum bis etwa 30 m Höhe mit nach oben verbreiterter Krone, die bei alten Exemplaren auch mehrteilig erscheinen kann. Borke tief längsrissig. Junge Zweige glänzend gelb. Winterknospen anliegend, klebrig, bräunlich.

Blattmerkmale: Wechselständig, einfach, gleichmäßig gezähnt, mit 2–6 cm langem Blattstiel, Spreite im Umriß dreieckig, vorne lang zugespitzt, 5–8 cm lang und breit, oberseits glänzend dunkelgrün, unterseits heller, beidseits nahezu kahl. Im Herbstaspekt kräftig gelb oder fleckig gelbbraun.

Weitere Kennzeichen: Zweihäusig. Blüten erscheinen in Kätzchen vor dem Laubaustrieb, männliche und weibliche Kätzchen etwa fingerlang und schlaff hängend.

Blütezeit: III–IV, Früchte ab V.

Vorkommen: Ursprünglich nur in den Auenwäldern (Weichholzaue) der großen mittel- und südeuropäischen Flußtäler. Außerhalb dieser Lebensräume meist angepflanzt.

Wissenswertes: Die Schwarz-Pappel entwickelt mächtige Baumgestalten. Holz sehr leicht, zu Holzwolle, Zündhölzern, Holzschuhen oder Zellstoff verarbeitet. Die Pyramiden-Pappel mit ihrem schlank-säuligen Wuchs ist eine häufig angepflanzte Varietät. In Auen-Aufforstungen trifft man auch oft auf Hybrid-Pappeln, Kreuzungen der Schwarz-Pappel mit verschiedenen nordamerikanischen Pappel-Arten. Blattstiele häufig mit Wohngallen einer Gallaus.

Zitter-Pappel, Espe, Aspe
Pópulus trémula
Weidengewächse
Salicaceae

Erscheinungsbild: Sommergrüner, meist großer Baum bis etwa 30 m Höhe mit aufrechtem, geradem Stamm und lichter, etwas kegeliger Krone. Junge Zweige glatt, gelbbraun, etwas glänzend, mit auffälligen Korkwarzen. Rinde älterer Äste und des Stammes anfangs glatt und gelbbraun, später längsrissig und schwärzlich.

Blattmerkmale: Wechselständig, einfach, gleichmäßig stumpf gezähnt, mit 3–8 cm langem Blattstiel; Spreite nahezu kreisrund, etwa 3–10 cm Durchmesser, mit kurzer, angedeuteter Spitze, nach dem Austrieb etwas behaart, später kahl, oberseits mattgrün, unterseits heller, mitunter auch leicht rötlich überflogen. Im Herbstaspekt bleichgrün, gelblich oder rötlich.

Weitere Kennzeichen: Zweihäusig. Männliche und weibliche Blüten in fingerlangen, hängenden Kätzchen. Kapselfrucht mit zahlreichen, weiß behaarten Samen, die in Flocken verdriftet werden.

Blütezeit: III–IV, Früchte ab V.

Vorkommen: Verbreitet bis häufig auf Kahlschlägen, an Säumen, Wegrändern, Halden oder in aufgelassenen Kiesgruben. Lichtholz.

Wissenswertes: Die Zitter-Pappel (so genannt wegen der im Wind lebhaft flatternden Blätter) ist neben der Hänge-Birke eines der wichtigsten Pioniergehölze. Das Holz wird in Sperrholz und Spanplatten verwendet.

Verwandte Arten: Siehe unter Silber-Pappel (S. 176).

Gagelstrauch
Mýrica gále
Gagelstrauchgewächse
Myricaceae

Erscheinungsbild: Sommergrüner, ziemlich buschiger und reichverzweigter Kleinstrauch bis etwa 1,5 m Höhe mit aufrechten, etwas rutenförmigen Ästen und Zweigen. Jüngere Zweige flaumig behaart und mit Harzdrüsen besetzt, die einen sehr aromatischen Duft verbreiten. Kaum Stammbildung.

Blattmerkmale: Wechselständig, einfach, nur im vorderen Teil regelmäßig gesägt, sonst ziemlich glattrandig, verkehrt-eiförmig, am Grunde keilförmig in den kurzen Blattstiel verschmälert, vorne kurz zugespitzt, oberseits stumpfgrün, unterseits graugrün, auf beiden Seiten dünn anliegend behaart. Ebenfalls von angenehm aromatischem Duft.

Weitere Kennzeichen: Zweihäusig. Blüten in aufrechten, achselständigen Kätzchen lange vor der Laubentfaltung. Steinfrucht mit Harzdrüsen goldgelb.

Blütezeit: III–IV, Früchte ab VI.

Vorkommen: Auf moorigen, feuchten bis nassen Torf- und Sandböden in Heidemooren, Torfmooren und Feuchtheiden, vor allem im nördlichen und nordwestlichen Europa. In Deutschland nur nördlich des Mittelgebirgsgürtels.

Wissenswertes: Ähnlich wie der Sumpf-Porst (S. 75) wurde auch der Gagelstrauch als Hopfenersatz zum Bierbrauen verwendet (Grutbier). Die früh austreibenden Kätzchen sind die erste Nahrung für Birkwild. Schützenswerte Art.

Berg-Ulme, Weiß-Rüster
Úlmus glábra
Ulmengewächse
Ulmaceae

Erscheinungsbild: Sommergrüner, sehr stattlicher Baum mit hoher, rundlicher Krone, die mitunter (besonders im Freistand) auch mehrteilig erscheinen kann.

Blattmerkmale: Wechselständig, einfach, unregelmäßig doppelt gesägt, verkehrt-eiförmig, länglich-oval, stark asymmetrischer Grund, mit schlanker, aufgesetzter Spitze oder drei, nach vorne weisenden spitzen Lappen, 10–15 cm lang und bis 10 cm breit, kurz gestielt bis fast sitzend, oberseits mattgrün und durch Borstenhaare sehr rauh, unterseits heller, auf den Blattnerven fein weißhaarig. Kräftiggelbe Herbstfärbung.

Weitere Kennzeichen: Blüten erscheinen lange vor der Belaubung zahlreich in achselständigen Trugdolden. Nußfrucht ringsum breit geflügelt.
Blütezeit: II–IV, Früchte ab V.

Berg-, Feld-, Flatter-Ulme

Vorkommen: In Laubwäldern der Berg- und Gebirgsstufe auf lockeren, feuchten, nährstoffreichen Böden. In der Ebene sehr zerstreut. In den Alpen bis 1400 m.
Wissenswertes: Vom Ulmensterben bislang noch nicht so stark heimgesucht wie die Feld-Ulme. Das Holz wird zu Furnieren und Parkettriegeln verarbeitet.

Feld-Ulme, Rot-Rüster
Ulmus minor
Ulmengewächse
Ulmaceae

Erscheinungsbild: Sommergrüner, sehr reich verzweigter Baum bis annähernd 40 m mit vielgestaltiger, hoher Krone. Durch Stockausschlag mitunter auch mehrstämmig. Junge Zweige rötlich-braun, kahl, glänzend, hell punktiert.

Blattmerkmale: Wechselständig, einfach, undeutlich doppelt gesägt, bis 1 cm langer Blattstiel; Blattspreite am Grunde sehr unsymmetrisch, länglich-oval bis elliptisch, zugespitzt, 6–10 cm lang und bis 8 cm breit, erinnern etwas an Hainbuchenblätter, oberseits dunkelgrün, kahl, unterseits mit bräunlichen Haarbüscheln in den Nervenachseln. Im Herbstaspekt gelblich.

Weitere Kennzeichen: Blüten zahlreich in Scheindolden lange vor dem Laubaustrieb. Nußfrüchte geflügelt, an der Vorderkante eingeschnitten.

Blütezeit: III–IV, Früchte ab V.

Vorkommen: In Auenwäldern (Hartholzaue) der großen mitteleuropäischen Stromtäler sowie vereinzelt auch in Feldgehölzen (Name!).

Wissenswertes: Von der Ulmenpest (Pilzerkrankung) weitgehend vernichtet. Bastardiert leicht mit der Berg-Ulme.

Verwandte Arten: Die Flatter-Ulme (*Ulmus laevis*) entwickelt lang gestielte Blüten und stark asymmetrische, rundlich-ovale Blätter von 9 cm Länge und etwa 6 cm Breite mit doppelt gesägtem Blattrand, unterseits fein graugrün behaart. In Auenwäldern und Auengebüschen auf sickernassen Lehm- und Tonböden.

Sommer-Linde
Tília platyphýllos
Lindengewächse
Tiliaceae

Erscheinungsbild: Sommergrüner, gewöhnlich sehr stattlicher Baum bis 40 m mit dichter, relativ schmaler und nur im Freistand breiterer Krone. Stamm gerade und bei alten Individuen ziemlich dick. Hauptäste alle im unteren Kronenteil abgehend. Junge Zweige grünlich-rot, fast immer samtig behaart.

Blattmerkmale: Wechselständig, einfach, gleichmäßig scharf gesägt, mit 3–5 cm langem Blattstiel; Spreite unsymmetrisch herzförmig mit schlanker, langer Spitze, etwa 10–15 cm lang und fast ebenso breit, oberseits stumpfgrün und anfangs fein behaart, unterseits heller und nur auf den Blattnerven flaumig, in den Nervenachseln mit weißlichen Haarbüscheln (Domatien). Im Herbstaspekt schön goldgelb.

Weitere Kennzeichen: Blüten zu 2–5 in hängender Rispe, die mit einem bleichgrünen Tragblatt verwachsen ist. Nußfrucht 5kantig, länglich-kugelig, knapp 1 cm lang.

Blütezeit: VI, Früchte ab IX.

Vorkommen: Wichtiger Waldbaum in verschiedenen Laubwald-Gesellschaften auf frischen, nährstoffreichen Böden. Alpen bis etwa 1000 m.

Wissenswertes: Die Sommer-Linde ist relativ empfindlich gegen Abgasbelastung und verschwindet daher zunehmend aus dem Bild der Straßen und Dorfplätze. Lindenholz ist sehr weich, aber dennoch fest und wird in der Bildhauerei und zur Spielzeugherstellung verwendet. Wichtige Trachtpflanze für Bienen und andere Insekten.

Winter-Linde
Tilia cordáta
Lindengewächse
Tiliaceae

Erscheinungsbild: Sommergrüner, ziemlich stattlicher Baum bis etwa 30 m Höhe mit großer, dichter, oft etwas unregelmäßig erscheinender Krone. Äste steil aufgerichtet. Junge Zweige und Triebe olivgrün, auf der Oberseite leicht rötlich, fast immer kahl und glänzend. Stamm dunkelgrau bis braun, längsrippig.

Blattmerkmale: Wechselständig, einfach, gleichmäßig und scharf gesägt, mit 2–5 cm langem Blattstiel; Spreite unsymmetrisch herzförmig, kleiner als bei der Sommer-Linde: meist 5–7 cm lang und fast ebenso breit, oberseits dunkelgrün und kahl, unterseits bläulich-graugrün, mit braunen Haarbüscheln (Doma-tien) in den Winkeln zwischen Haupt- und Seitennerven. Im Herbstaspekt kräftig gelb.

Weitere Kennzeichen: Blüten zu 4–12 in hängenden Rispen mit gelblich-weißen Kronblättern; angenehmer Duft. Nußfrucht 5–7 mm lang, kugelig, kaum gerippt.

Blütezeit: VI, Früchte ab IX.

Vorkommen: Vereinzelt in sommerwarmen Auen- und Hangwäldern oder als Zierbaum.

Wissenswertes: Im gemeinsamen Verbreitungsgebiet bilden Sommer- und Winter-Linde einen fruchtbaren Hybriden, die Holländische Linde (*Tilia × europaea*) mit schöner, bis 40 m hoher Krone. Von den Eltern schwer zu unterscheiden.

Verwandte Arten: In Parks und Alleen findet man die südosteuropäische Silber-Linde (*Tilia tomentosa*) mit unterseits weißfilzigen Blättern.

Eingriffeliger Weißdorn
Cratáegus monogýna
Rosengewächse
Rosaceae

Erscheinungsbild: Sommergrüner, sehr dicht verzweigter, nahezu undurchdringlicher Strauch oder kleiner Baum von 3–5 m bzw. bis 8 m Höhe. Junge Zweige braungrün bis grau, kaum behaart, mit starken, um 2 cm langen Kurztriebdornen.
Blattmerkmale: Wechselständig, einfach, tief 3- bis 7lappig, Einbuchtungen über die Spreitenmitte hinaus an die Mittelrippe reichend, im Umriß oval, 3–8 cm lang und etwa 2,5 cm breit, lang gestielt, oberseits kräftig dunkelgrün, unterseits heller, beidseits kahl, nur in den Blattnervenwinkeln kleine Haarbüschel. Im Herbstaspekt wenig auffällig gelblich-braun.

Weitere Kennzeichen: Blüten zahlreich in Doldenrispen, 1–1,5 cm breit, reinweiß oder cremefarben, von leicht unangenehmem Duft, nur 1 Fruchtknoten (Griffel) vorhanden. Apfelfrucht rot, mit 1 Steinkern, vorne leicht eingetieft, lang gestielt, mehlig, säuerlich. Eßbar.
Blütezeit: V–VI, Früchte ab IX.
Vorkommen: Vor allem in tieferen Lagen sehr verbreitet und häufig in Hecken, Gebüschen und Säumen. Vielfach angepflanzt. Schnittfähig.
Wissenswertes: Rotdorn ist eine rotblütige Varietät des Eingriffeligen Weißdorns. Weißdornhecken sind wegen ihrer Dichtigkeit äußerst wertvolle Vogelschutzgehölze, die außerdem vielen anderen Kleintieren Nahrung und Deckung bieten. Früchte und Blüten werden arzneilich zur Stützung des Altersherzens verwendet.

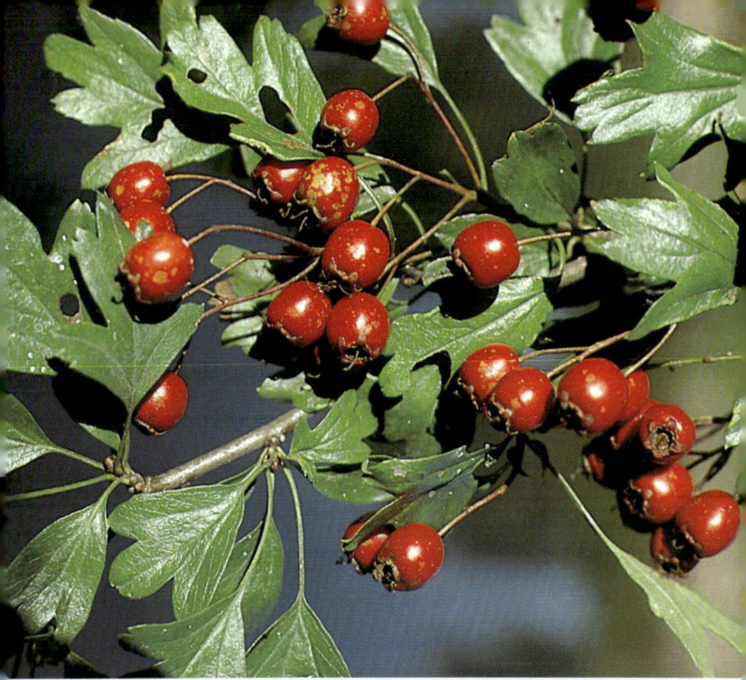

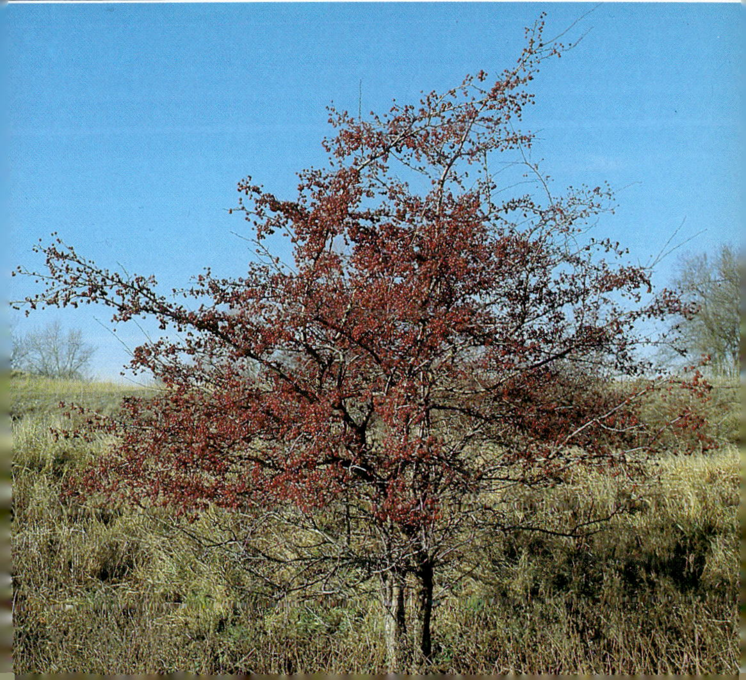

Zweigriffeliger Weißdorn
Cratáegus laevigáta
Rosengewächse
Rosaceae

<u>Erscheinungsbild:</u> Sommergrüner, aufrechter, stark verzweigter, etwa 2–5 m hoher Strauch oder kleiner Baum bis etwa 10 m Höhe. Junge Zweige rotbraun, meist kahl, glänzend. Kurztriebe gewöhnlich dornig.
<u>Blattmerkmale:</u> Wechselständig, einfach, in der vorderen Hälfte 3lappig (seltener bis 5lappig), bis 5 cm lang und 3 cm breit, im Umriß rhombisch oder verkehrt-eiförmig, mitunter auch nur besonders tief gekerbt, in den Buchten spitzwinklig, am Grunde keilförmig und ganzrandig, Lappen ungleichmäßig gesägt, oberseits dunkelgrün, unterseits etwas bläulich. Nebenblätter eingeschnitten.

<u>Weitere Kennzeichen:</u> Blüten zahlreich in Doldenrispen, weißlich, um 2 cm breit, duften etwas unangenehm nach Trimethylamin (fischartig), immer mit 2–3 Griffeln. Apfelfrucht kugelig-eiförmig, über 1 cm lang, mit 2–3 Steinkernen. Eßbar.
<u>Blütezeit:</u> V–VI, Früchte ab VIII.
<u>Vorkommen:</u> Weit verbreitet und häufig in Gebüschen und Hecken, an Waldrändern oder in großen Gärten. In den Alpen etwa bis 1000 m.
<u>Wissenswertes:</u> Die Weißdorn-Arten sind lichtbedürftige bis halbschattenverträgliche Tiefwurzler. Ein- und Zweigriffeliger Weißdorn bilden im gemeinsamen Verbreitungsgebiet nicht selten auch fruchtbare Bastarde. Das feste und harte Holz wurde früher zu Werkzeuggriffen verwendet. Medizinisch ähnlich eingesetzt wie die vorige Art. Ökologisch sehr wichtiges Heckengehölz.

Elsbeere
Sórbus torminális
Rosengewächse
Rosaceae

Erscheinungsbild: Sommergrüner, aufrechter, breit ausladender Strauch bis etwa 5 m Höhe oder kleiner Baum bis etwa 10 m.

Blattmerkmale: Wechselständig, einfach, 7– bis 9lappig, Lappen unregelmäßig gesägt, Blattstiel 2–5 cm lang, Blattspreite insgesamt von dreieckigem Umriß, etwa 5–10 cm lang und 4–12 cm breit, anfangs fein behaart, später kahl, oberseits dunkelgrün und etwas glänzend, unterseits graugrün, ziemlich fest und derb. Im Herbstaspekt sehr schön scharlachrot oder gelblichrot.

Weitere Kennzeichen: Blüten zahlreich in gewölbten, filzig behaarten Schirmrispen. Kronblätter weißlich. Apfelfrüchte eiförmig, unreif oliv, zur Reifezeit bräunlich, mit Korkwarzen dunkel punktiert, mehlig, von fadem Geschmack. Enthalten Parascorbinsäure, daher roh nicht eßbar.

Blütezeit: V–VI, Früchte ab X.

Vorkommen: Wärmeliebendes, lichtbedürftiges Gehölz an sonnigen Hängen, in Gebüschen oder Säumen der Hügelstufe, vor allem in Südwest- und Süddeutschland. Nördlich bis zur Weinbaugrenze. Sonst wegen der prächtigen Herbstfärbung angepflanzt.

Wissenswertes: Im Unterschied zu ihren Gattungsverwandten bildet die Elsbeere keine Bastarde.

Stiel-Eiche, Sommer-Eiche
Quércus róbur
Buchengewächse
Fagaceae

Erscheinungsbild: Sommergrüner, gewöhnlich (vor allem im Freistand) sehr stattlicher Baum bis etwa 40 m Höhe, selten noch höher, mit breiter und hoher Krone. Stamm meist nicht bis in den mittleren Kronenbereich zu verfolgen, sondern schon in geringer Höhe über dem Boden in mehrere sehr starke Äste gegabelt, diese aufrecht oder aufsteigend, bei alten Exemplaren sehr knorrig. Junge Zweige gefurcht, braungrau bis grünlich, mit helleren Korkwarzen. Winterknospen an den Zweigenden gehäuft. Borke netzig längsrissig, dunkelgrau bis braungrau.
Blattmerkmale: Wechselständig, einfach, gebuchtet, an beiden Seiten mit 5–7 rundlichen, glattrandigen Lappen, die ungefähr bis zur Spreitenmitte eingeschnitten sind, stehen sich nicht deckungsgleich gegenüber, kurz (etwa 2–6 mm) gestielt, im Umriß verkehrt-eiförmig, vorne gerundet, am Grunde deutlich geöhrt, etwa 7–12 cm lang und bis 8 cm breit, lederig, oberseits kräftig grün, wenig glänzend, unterseits heller und auf den Blattnerven leicht behaart. Im Laubaustrieb etwa 14 Tage früher als die Trauben- oder Winter-Eiche. Im Herbstaspekt kräftig gelb bis bräunlich. Jüngere Blätter, die erst während des Sommers gebildet wurden, färben deutlich später um. Besonders an kleineren Exemplaren bleibt die trocken-braune Belaubung oft bis zum nächsten Frühjahr.

Weitere Kennzeichen: Einhäusig. Unscheinbare Blüten erscheinen mit dem Laubaustrieb, männliche Kätzchen an der Basis von Trieben, weibliche Blüten in langgestielten Ähren zu 2–5 Blüten an den Triebenden. Nußfrüchte (Eicheln) in flachem Fruchtbecher auf 4–6 cm langen Stielen (namengebendes Merkmal).

Blütezeit: IV–V (VI), Früchte ab IX.

Vorkommen: Häufiger, weitverbreiteter Waldbaum in artenreichen Laubmischwäldern und Edellaubwäldern, gerne auf nährstoffreichen, feuchten, basischen bis mäßig sauren Böden. Forstlich kultiviert und häufig auch als Solitär angepflanzt.

Wissenswertes: Die zur Reifezeit aus dem Becher fallende Eichel beginnt noch im Herbst mit der Keimung, wobei zunächst jedoch nur die Keimwurzel sichtbar wird. Erst im Frühjahr erscheint der Trieb, der einige Laubblätter umfaßt; die nährstoffspeichernden Keimblätter bleiben in der Fruchthülle.

Eichen können sehr alt werden. Deutschlands älteste Eiche (bei Erle/Westfalen) soll etwa 1400 Jahre zählen. Eichenholz (ringporig) wird technisch sehr vielseitig verwendet. Aus guten Stämmen werden Messerfurniere, Treppenbeläge oder Parkettriegel hergestellt. Früher wurden daraus auch Holzfässer oder, wegen der extrem guten Haltbarkeit auch unter Wasser, Pfahlgründungen für Brücken oder Schiffsrümpfe gezimmert. Eichenrinde ist sehr gerbstoffhaltig und wurde in der Ledergerberei eingesetzt – die Lohschälwirtschaft führte gebietsweise zu ausgedehnten Eichenniederwäldern. Gallbildungen auf den Blättern und Zweigen.

Trauben-Eiche, Winter-Eiche
Quércus petráea
Buchengewächse
Fagaceae

Erscheinungsbild: Sommergrüner, meist sehr stattlicher Baum bis etwa 40 m Höhe mit gewölbter, breiter Krone. Stamm ziemlich gerade und meist bis in den mittleren Kronenbereich klar zu verfolgen. Größere Äste weniger stark gebogen als bei der Stiel-Eiche und nicht allzu knorrig, eher steil aufsteigend. Junge Zweige kahl, glänzend olivbraun, mit Korkwarzen dunkel punktiert.
Blattmerkmale: Wechselständig, einfach, ziemlich regelmäßig gebuchtet, an beiden Seiten mit 5–7 dreieckigen, gerundeten Lappen, die ziemlich symmetrisch angeordnet sind, um 2 cm lang gestielt, im Umriß oval-länglich, 8–12 cm lang und bis etwa 5 cm breit, vorne rundlich, am Grunde keilförmig verschmälert und nicht geöhrt, etwas ledrig, oberseits dunkelgrün, unterseits heller, kahl, nur in den Blattnervenwinkeln mit kleinen Haarbüscheln. Laubaustrieb etwa 14 Tage später als bei der Stiel-Eiche.
Weitere Kennzeichen: Eicheln in vielschuppigen, ungestielten Fruchtbechern, bis 3 cm lang und 1,5 cm dick.
Blütezeit: IV–V, Früchte ab IX.
Vorkommen: Verbreitet bis häufig auf lockeren, mittelgründigen Stein- und Lehmböden tieferer Gebirgslagen und des Hügellandes. Vielfach forstlich kultiviert. Bis 700 m.
Wissenswertes: Die Holzverwendung ist ähnlich wie bei der Stiel-Eiche. Die Eicheln spielten früher bei der Waldweide (Eichelmast) eine Rolle.

Zerr-Eiche
Quércus cérris
Buchengewächse
Fagaceae

Erscheinungsbild: Sommergrüner Baum bis etwa 35 m Höhe mit schlanker, hoher, etwas lückiger Krone, nur im Freistand breitkroniger. Junge Zweige anfangs filzig behaart, später kahl und dunkel punktiert, graubraun berindet. Winterknospen mit charakteristischen, fädigen Nebenblattschuppen.

Blattmerkmale: Wechselständig, einfach, buchtig-gelappt, mit 1–2 cm langem Blattstiel, im Umriß länglich-elliptisch oder schmal-oval, 8–12 cm lang und um 5 cm breit; Lappen ungleich groß, von spitz zulaufenden Buchten getrennt, nicht spiegelsymmetrisch angeordnet, derb, fühlen sich rauh an, anfangs filzig behaart, später verkahlend, oberseits tiefgrün, unterseits graugrün. Im Herbstlaub gelblich.

Weitere Kennzeichen: Eicheln 3–4 cm lang, bis 2 cm dick, bis zur Hälfte in einem breiten, stachelig beschuppten Fruchtbecher.

Blütezeit: IV, Früchte ab IX des nachfolgenden Jahres.

Vorkommen: Auf nährstoffreichen, mittelgründigen, sommerwarmen Böden im südlichen Mitteleuropa und in Südeuropa. In Deutschland Wildvorkommen (?) nur im Kaiserstuhlgebiet. Bodenständig im Tessin und in Niederösterreich. Im atlantischen Nordwesteuropa eingebürgert.

Wissenswertes: Das vertrocknete Herbstlaub wird erst spät im nachfolgenden Frühjahr abgeworfen. Da der Laubaustrieb spät erfolgt, sind Zerreichenwälder sehr krautreich.

Flaum-Eiche
Quércus pubéscens
Buchengewächse
Fagaceae

Erscheinungsbild: Sommergrüner, mittelgroßer, mehrstämmiger
Strauch bis etwa 5 m Höhe oder kleinerer Baum bis etwa 15 m Höhe.
Junge Triebe stark flaumig behaart
und kantig, später zunehmend verkahlend, graubraun.
Blattmerkmale: Wechselständig,
einfach, tief buchtig gelappt, Blattstiel um 1 cm lang, Spreite im Umriß
verkehrt-oval, etwa 7–10 cm lang
und bis 8 cm breit, an jeder Seite mit
7–9 ungleich großen, nach vorne
weisenden, vorne gerundeten Lappen, die rundliche Buchten zwischen sich einschließen, am Grunde keilförmig, erinnert in der Gestalt-
gebung am ehesten an das Blatt der
Trauben-Eiche. Nach dem Austrieb
beidseits flaumhaarig, später nur
auf der Unterseite weichhaarig.
Weitere Kennzeichen: Fruchtbecher halbkugelig, umschließt nahezu zwei Drittel der Eichel, sehr kurz
gestielt bis sitzend.
Blütezeit: IV–V, Früchte X.
Vorkommen: Bevorzugt lockere, oft
kalkhaltige Stein- und Lößböden.
Hauptverbreitung südlich der Alpen. In Deutschland wild nur im
Oberrheingebiet. Wärmerelikt.
Wissenswertes: Kennart der Flaum-
eichen-Trockenwälder Süd- und
Südosteuropas, vor allem im Übergang der immergrünen Hartlaubwälder zu den sommergrünen
Waldgesellschaften bestandsbildend. Das sehr harte und schwere
Holz wird im Unterschied zu den
anderen stammbildenden Eichen-
Arten kaum verwendet.

Stein-Eiche
Quércus ílex
Buchengewächse
Fagaceae

Erscheinungsbild: Immergrüner, meist kurzschäftiger Baum bis etwa 20 m Höhe, mit breiter, ziemlich dichter, oft auch mehrteilig erscheinender Krone. Äste sehr dick, weit ausladend, im mittleren und oberen Kronenbereich aufrecht oder aufsteigend. Junge Triebe graufilzig, später dunkelgrau, hell punktiert. Borke klein gefeldert, fast schwarz.
Blattmerkmale: Wechselständig, einfach, seicht gebuchtet bis gewellt, mit steifen Stachelzähnen, dazwischen glattrandig, Blattstiel um 1 cm lang, Spreite 4–8 cm lang und bis 4 cm breit, länglich-lanzettlich, vorne lang zugespitzt, am Grunde breit keilförmig, ledrig, oberseits glänzend tiefgrün, unterseits immer dicht graufilzig (Unterschied zu den mitunter ähnlichen Blättern der Stechpalme, siehe S. 168). Lebensdauer der Blätter etwa 3 Jahre.
Weitere Kennzeichen: Männliche Blüten in Kätzchen, weibliche Blüten einzeln oder zu 2, lang gestielt. Verholzender Fruchtbecher umschließt die Eichel bis zur Hälfte.
Blütezeit: IV–V, Früchte ab IX.
Vorkommen: Meist auf mittelgründigen, humosen, warmen Böden über Kalkgestein im westlichen Mittelmeergebiet. Nördlich der Alpen nur angepflanzt und in atlantisch beeinflußten Klimagebieten winterfest (beispielsweise im Rheinland).
Wissenswertes: Die Stein-Eiche ist die Charakterart der mediterranen Hartlaubwälder, die heute bis auf Restbestände durch Übernutzung verschwunden sind.

Rot-Eiche
Quércus rúbra
Buchengewächse
Fagaceae

Erscheinungsbild: Sommergrüner, stattlicher, langschäftiger Baum bis etwa 35 m Höhe. Krone anfangs kegelig, später breiter und gewölbt, meist jedoch etwas lückig und mehrteilig. Junge Zweige furchig, rötlich-braun, kahl, hell punktiert.

Blattmerkmale: Wechselständig, einfach, auf beiden Seiten mit 3–4 breit dreieckigen Lappen; die Buchten zwischen den Lappen schneiden die Blattspreite etwa bis zur Hälfte ein; Blatt im Umriß breit-oval, etwa 10–25 cm lang und bis 10 cm breit, vorne zugespitzt, am Grunde breit keilförmig, mit kräftiger, vortretender Mittelrippe, deren Seitennerven in den Spitzen der Lappen mit einer kleinen Borste enden, oberseits mattgrün bis dunkelgrün, unterseits etwas heller, bis auf schwache Haarbüschel in den Nervenwinkeln unbehaart. Herbstfärbung bei jüngeren Bäumen überaus prächtig rot, bei älteren Exemplaren eher bräunlich.

Weitere Kennzeichen: Eicheln breitoval in gestielten Fruchtbechern.

Blütezeit: V, Früchte im Herbst des nachfolgenden Jahres.

Vorkommen: Ursprünglich nur im östlichen Nordamerika von Neuschottland bis Texas. Seit längerer Zeit auch in Mitteleuropa forstlich angebaut und wegen der prächtigen Herbstfärbung auch als Zierbaum in Parks.

Wissenswertes: In Nordamerika weitere ähnliche Eichen-Arten.

Stechpalme, Hülse
Ilex aquifólium
Stechpalmengewächse
Aquifoliaceae

Erscheinungsbild: Immergrüner Strauch oder kleinerer Baum, meist um 1–5 m hoch, ausnahmsweise auch bis 10 m Höhe, mit aufsteigenden Ästen bzw. geradem, aufrechtem Stamm und abstehend-aufsteigenden Zweigen. Junge Zweige grün. Ältere Äste und Stamm schwarzbraun.

Blattmerkmale: Wechselständig, einfach, gebuchtet und mit 5–7 langen Stachelspitzen an jeder Seite; Blätter im Blütenstandsbereich, bei sehr alten Exemplaren oder bei manchen Zierformen auch glattrandig ohne Dornspitzen; Blätter weiblicher Pflanzen im allgemeinen stärker bewehrt; Blattstiel um 1 cm lang, Spreite von ovalem Umriß, am Grunde breit keilförmig, vorne immer spitz, ledrig-derb, oberseits glänzend dunkelgrün, unterseits matt hellgrün. Lebensdauer um 3 Jahre.

Weitere Kennzeichen: Blüten unscheinbar weiß, eingeschlechtig. Steinfrucht etwa erbsengroß, kugelig, glänzend scharlachrot. Giftig.

Blütezeit: V–VI, Früchte ab X.

Vorkommen: Verbreitet im Unterwuchs lichter Gebüsche und Laubmischwälder im atlantisch beeinflußten Europa. In Deutschland in der Mittelgebirgsregion meist nur westlich des Rheins, im Voralpenland auch weiter nach Osten.

Wissenswertes: Stechpalmen sind als Ziergehölze für Gärten und Hecken sehr beliebt. Die Früchte werden gerne von Vögeln (Drosseln) geerntet. Holz heute bedeutungslos.

Ahornblättrige Platane
Plátanus ácerifolia (*P. ×hýbrida*)
Platanengewächse ·
Platanaceae

Erscheinungsbild: Sommergrüner, ansehnlicher Baum mit breiter, gewölbter Krone, etwa 30–40 m hoch, besonders im Freistand von beachtlichem Umfang. Stamm fast immer bis zur Hälfte der Kronenregion klar zu verfolgen und dann erst in größere Äste gegabelt. Rinde großplattig abspringend.

Blattmerkmale: Wechselständig, einfach, handförmig in 3–5(7) ungleich große, breit dreieckige Lappen geteilt, meist weniger als bis zur Spreitenmitte eingeschnitten. Blattstiel 5–10 cm lang. Blattspreite von dreieckigem Umriß, 15–20 cm lang und fast ebenso breit, oberseits zuletzt glänzend tiefgrün, unterseits fil-

zig oder zumindest auf den Blattnerven und in den Nervenwinkeln behaart, ziemlich derb und fest. Unauffällige Herbstfärbung.

Weitere Kennzeichen: Einhäusig. Blüten in hängenden Blütenständen. Teilfruchtstände zur Reifezeit kugelig mit Nüßchen.

Blütezeit: V, Früchte ab IX.

Vorkommen: Vor allem in den tieferen Lagen sehr häufig als Park- oder Straßenbaum angepflanzt.

Wissenswertes: Die Ahornblättrige Platane gilt als Bastard zwischen der Morgenländischen Platane (*P. orientalis*, mit sehr tief eingeschnittenen Blättern, kugelige Teilfruchtstände zu 3–7) und der Westlichen Platane (*P. occidentalis*, mit 3lappigen Blättern und einzelnen Kugelfruchtständen). Platanenholz ist sehr schön gemasert und wird zu Edelfurnieren verarbeitet.

Ginkgobaum
Gínkgo bíloba
Ginkgogewächse
Ginkgoaceae

Erscheinungsbild: Sommergrüner Baum bis etwa 30 m Höhe mit schlanker, immer etwas lückiger Krone. Äste aufrecht oder leicht überhängend, bei sehr alten Exemplaren auch weit ausladend. Jüngere Zweige ziemlich steif und dick, mit hellbrauner, netzig-rissiger Rinde.
Blattmerkmale: Blätter wechselständig, an den Kurztrieben büschelig gehäuft, einfach, besonders an den Langtrieben in 2 gleich große, fächerförmige Lappen geteilt, lang gestielt. Blattspreite bis 10 cm lang und fast ebenso breit, bildet einen Drittel- oder Halbkreis, am Grunde breit keilförmig, vorne wellig gebuchtet oder eingeschnitten, auf-fallend gabelnervig, ober- und unterseits tiefgrün, matt, unbehaart. Im Herbst goldgelb.
Weitere Kennzeichen: Zweihäusig. Männliche Blüten in walzlichen gelbgrünen Kätzchen an Kurztrieben (siehe Bild rechts). Weibliche Blüten zu 2–3 langgestielt (s. Bild S. 173). Steinfruchtähnlicher Samen mit gelbem Samenmantel, dieser von unangenehmem Geruch.
Blütezeit: IV, Samenreife ab X.
Vorkommen: Wildvorkommen im ostasiatischen Ursprungsgebiet nicht mehr bekannt. Seit langem als Zierbaum in Parks und Gärten, wegen der Industrie- und Abgasfestigkeit auch als Straßenbaum.
Wissenswertes: Der Ginkgobaum ist ein Nacktsamer und der einzige noch lebende Vertreter einer Verwandtschaftsgruppe, die überwiegend fossil bekannt ist.

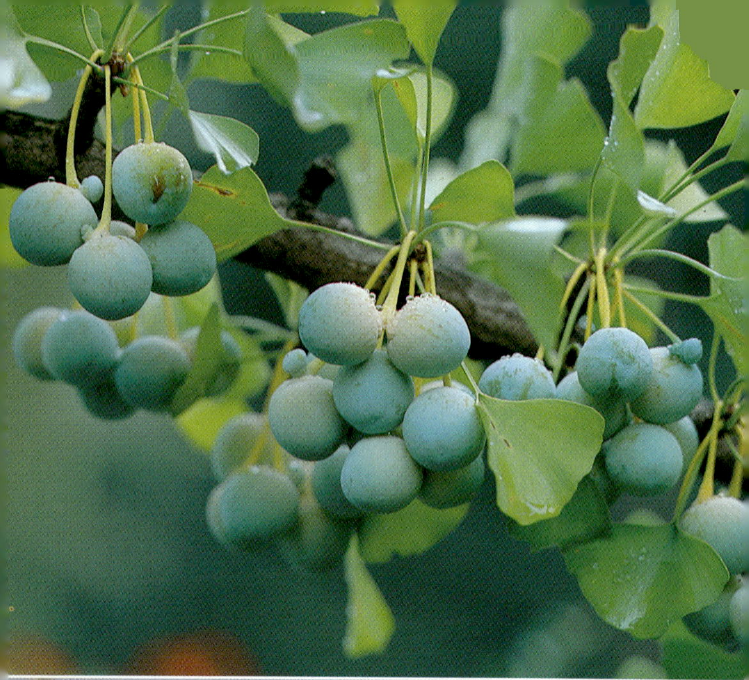

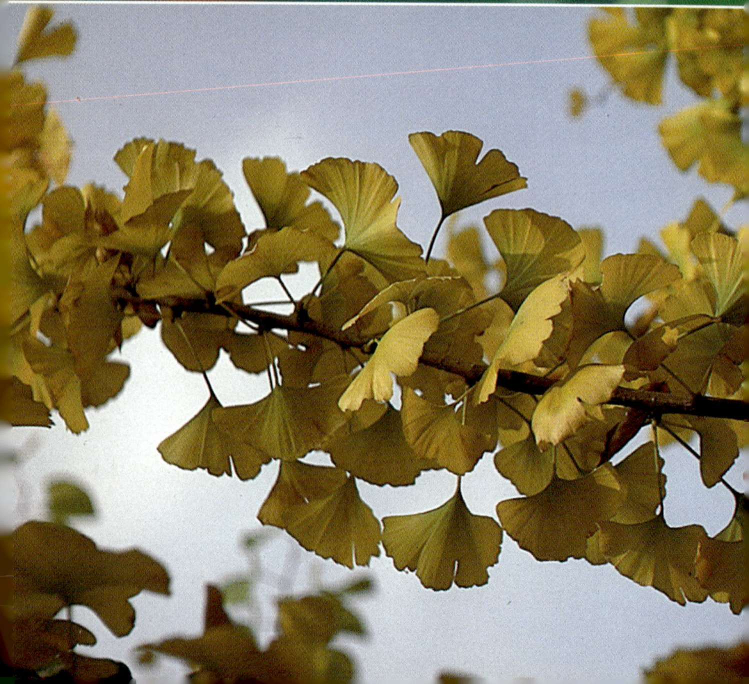

Silber-Pappel, Weiß-Pappel
Pópulus álba
Weidengewächse
Salicaceae

Erscheinungsbild: Sommergrüner, stattlicher Baum bis etwa 30 m Höhe mit großer, breiter, oft auch mehrteiliger oder nach einer Seite überhängender Krone. Junge Zweige dicht weißfilzig, später kahl und graubraun. Rinde lange glatt und weißlich-grau, erst später rissig mit Leistenmustern.

Blattmerkmale: Wechselständig, einfach, unregelmäßig 5lappig, mit 2–5 cm langem Blattstiel, Spreite bis 10 cm lang und 5 cm breit, im Umriß dreieckig-oval bis rundlich, am Grunde gestutzt, Lappen ihrerseits unregelmäßig gezähnt, beim Austrieb beidseits dicht weißfilzig, später auf der Oberseite verkahlend

und glänzend dunkelgrün, unterseits bleibend weißfilzig bis wollig. Im Herbstaspekt gelblich.

Weitere Kennzeichen: Zweihäusig. Blüten vor dem Laubaustrieb in ungefähr fingerlangen Kätzchen. Kapselfrucht mit zahlreichen Flugsamen.

Blütezeit: III–IV, Früchte ab V.

Vorkommen: In Auengehölzen (überwiegend Hartholzaue, seltener auch Weidenholzaue) der größeren Flußtäler, vor allem im Rhein-, Donau-, Elbe- und Oder-Gebiet.

Wissenswertes: Die Silber-Pappel kann über 400 Jahre alt werden. Der gemeinsame Kreuzungsbastard mit der Zitter-Pappel ist die Grau-Pappel (*Populus* × *canescens*) mit graufilzig behaarten Blattunterseiten. Häufig wegen ihrer ausgesprochenen Raschwüchsigkeit angepflanzt.

Gemeiner Efeu
Hédera hélix
Efeugewächse
Araliaceae

Erscheinungsbild: Immergrüner, auf dem Boden kriechender oder an Mauern oder Bäumen aufsteigender Kletterstrauch bis etwa 20 m Höhe, mit deutlichem Hauptstamm, mehreren Nebenstämmen und sehr dünnen, langen Trieben.

Blattmerkmale: Wechselständig, einfach, 3–5lappig, im Umriß meist dreieckig, herzförmig oder pfeilspitz, bis 10 cm lang und ebenso breit, lang gestielt, oberseits glänzend dunkelgrün oder mattgrün mit hellerer Zeichnung, unterseits hellgrün, in der kalten Jahreszeit leicht rötlich.

Weitere Kennzeichen: Blüten in doldigen Rispen mit gelbgrünen Kronblättern. Steinfrucht kugelig, erbsengroß, unreif bräunlich, zur Reifezeit schwärzlich. Giftig.

Blütezeit: IX–XI, Früchte III–V des folgenden Frühjahrs.

Vorkommen: Gerne auf lockeren, nährstoffreichen, basischen oder sauren Böden. Schattenverträglich. In Auengebüschen, Laubwäldern, an sonnigen Felshängen oder Ruinen.

Wissenswertes: Kann mehrere hundert Jahre alt werden. Blüten bieten im Spätsommer und Herbst immer noch Nektar. Wichtiges Nist- und Versteckgehölz für Kleinvögel.

Robinie, Scheinakazie
Robínia pseudoacácia
Schmetterlingsblütengewächse
Fabaceae

Erscheinungsbild: Sommergrüner, ein- oder mehrstämmiger Baum bis 25 m Höhe mit ovaler, oben rundlicher, lichter oder mehrteiliger Krone. Stamm gewöhnlich kurz, nicht allzu weit in den Kronenbereich zu verfolgen, sondern schon unterhalb in große, aufrechte Äste gegabelt. Borke tiefrissig, mit gewundenen Furchen, graubraun. Junge Zweige leicht furchig, sonst glatt, rötlichbraun.

Blattmerkmale: Wechselständig, zusammengesetzt, unpaarig gefiedert, Fiederblättchen zu 11–15, ganzrandig, kurz gestielt, länglich-oval, 3–6 cm lang, 1–3 cm breit, vorne mit feiner Stachelspitze, verkahlend,

oberseits frischgrün, unterseits graugrün. Gesamtblatt 15–20 cm lang, an der Basis verdickt. Nebenblätter oft zu kurzen Blattdornen umgestaltet. Laubaustrieb verhältnismäßig spät oder Ende V. Herbstlaub hell oder kräftiger gelb.

Blütezeit: V–VI, Früchte ab IX.
Vorkommen: Ursprünglich im atlantischen Nordamerika. In Europa eingebürgert. Häufig angepflanzt.
Wissenswertes: Wertvolle Bienentrachtpflanze. Robinienholz ist sehr fest und wird zu Sportgeräten verarbeitet oder im Schiffbau verwendet.

Gleditschie, Lederhülsenbaum
Gledítsia triacánthos
Johannisbrotgewächse
Caesalpiniaceae

Erscheinungsbild: Sommergrüner, oft sehr stattlicher Baum bis etwa 40 m Höhe. Junge Zweige graugrün, hell punktiert. Stammborke dunkel grau-braun bis braun-rötlich, in längliche, flache Platten zerrissen und oft mit Dreiergruppen verzweigter, bis 20 cm langer Dornen bewehrt, die an Park- oder Gartenexemplaren häufig fehlen (dornlose Form).
Blattmerkmale: Wechselständig (vor allem an den Langtrieben, an den Kurztrieben eher büschelig gehäuft), zusammengesetzt, paarig gefiedert, 15–25 cm lang, mit 20–30 Fiederblättchen von 1–5 cm Länge, diese sehr kurz gestielt, länglich-oval, ganzrandig oder im vorderen Teil fein gekerbt, glänzend frischgrün. Neben den einfach gefiederten Blättern kommen auch doppelt gefiederte Blätter mit mehr als 150 Fiederblättchen vor. Herbstlaub hellgelb.

Weitere Kennzeichen: Einhäusig. Blüten in hängenden, traubigen Blütenständen. Hülse bis 50 cm lang und schraubig gedreht, lederig, dunkelbraun.
Blütezeit: V–VI, Früchte ab IX.
Vorkommen: Ursprünglich nur im Bereich der Mississippi-Mündung. In Mittel- und Südeuropa gerne als Zier- und Straßenbaum gepflanzt.

Gemeiner Blasenstrauch
Colútea arboréscens
Schmetterlingsblütengewächse
Fabaceae

Erscheinungsbild: Sommergrüner, aufrechter, reich verzweigter Strauch, am natürlichen Standort 1–4 m, in Kultur bis 6 m hoch. Äste starr, dornenlos, graugrün, innen hohl oder mit netzartigem Mark, zuletzt mit brauner, längsfaseriger Rinde.
Blattmerkmale: Wechselständig, zusammengesetzt, unpaarig gefiedert, 7–10 cm lang, Fiederblättchen kurz gestielt, in 4–6 Fiederpaaren, 1,5–3 cm lang, bis 1,5 cm breit, oval, glattrandig, vorne leicht ausgerandet, oberseits frischgrün, unterseits leicht bläulich und schwach anliegend behaart. Nebenblätter klein, unauffällig. Beim Laubwechsel gelb.

Weitere Kennzeichen: Blüten in wenigblütigen Trauben in den Blattachseln. Krone der Schmetterlingsblüte um 2 cm lang, schwefelgelb mit feinem rötlichen Farbmal. Hülse um 6 cm lang und bis 3 cm dick, blasig aufgetrieben und pergamentartig durchscheinend; Bauchnaht wird nach außen gedreht.
Blütezeit: V–VIII. Früchte ab IX.
Vorkommen: Wärmeliebende Art, bevorzugt auf kalkhaltigen, trockenen Steinschuttböden im Saum von Halbtrockenrasen und -gebüschen. In Deutschland wild nur im südlichen Oberrheingebiet. Vielfach angepflanzt und stellenweise verwildert.
Wissenswertes: Alle Teile des Blasenstrauches gelten als leicht giftig. Auffallende, meist rötlichbraune Hülsen, bis zum nächsten Frühjahr am Strauch.

Gemeiner Goldregen
Labúrnum anagyroídes
Schmetterlingsblütengewächse
Fabaceae

Erscheinungsbild: Sommergrüner, kräftiger, mehrstämmiger Strauch oder kleiner Baum bis etwa 7 m Höhe mit schmaler, etwas unregelmäßiger Krone und aufrechten, später überhängenden Ästen.

Blattmerkmale: Wechselständig (nur an den Langtrieben), zusammengesetzt, unpaarig 3zählig gefiedert. Fiederblättchen bis 5 cm lang und 2 cm breit, länglich-elliptisch, am Vorderende stumpf gerundet, jedoch mit kurzer Stachelspitze, oberseits dunkelgrün, unterseits grünlich-grau und anliegend seidenhaarig. Blattstiel 3–5 cm lang.

Weitere Kennzeichen: Schmetterlingsblüten zahlreich in hängenden Trauben, aber so gedreht, daß die Fahne dennoch nach oben weist. Krone goldgelb, etwa 2 cm groß, mit bräunlichem Farbmal. Hülsen bis 7 cm lang.

Blütezeit: V–VI, Früchte ab VIII.

Vorkommen: Wärmeliebende Art auf sonnigen, steinigen Böden in den Bergländern des südlichen Mittel- und Südeuropas. Vielfach angepflanzt und stellenweise verwildert.

Wissenswertes: Der Goldregen gehört zu den giftigsten Gehölzarten. Alle Teile enthalten Alkaloide, die das zentrale Nervensystem lähmen. Das Holz ist gut polierfähig und wird im Musikinstrumentenbau oder in der Drechslerei verwendet.

Besenginster
Sarothámnus scopárius
Schmetterlingsblütengewächse
Fabaceae

Erscheinungsbild: Sommergrüner, sehr reich verzweigter, aufrechter oder bogig überhängender
Strauch, meist 1–2 m hoch, typischer
Vertreter eines Rutenstrauches.
Zweige grün, kantig, biegsam.
Blattmerkmale: Wechselständig (an
den Langtrieben) oder rosettig-bü-
schelig an den Kurztrieben, zusammengesetzt, 3zählig gefiedert, Fiederblättchen bis 1 cm lang, beidseits
gleichfarbig grün und anliegend
behaart. Blätter an den Langtrieben
und an den Enden der Kurztriebe
ungeteilt, einfach, lanzettlich.
Weitere Kennzeichen: Blüten einzeln in der Achsel von Kurztrieben,
kurz gestielt, mit leuchtend gelber,
etwa 2 cm großer Krone. Hülse bis
5 cm lang, schwärzlich, stark zusammengedrückt.
Blütezeit: V–VI, Früchte ab VIII.
Vorkommen: Böschungen, Weg-
ränder und Hänge. Säureanzeiger,
meidet Kalkgebiete.

Wissenswertes: Wertvolle Bienen-
und Deckungspflanze. Die spärli-
che Belaubung ist eine Anpassung
an trockene Standorte. Aus den
Zweigen wurden früher Besen ge-
bunden. In Norddeutschland Bram
genannt – eine Bezeichnung, die in
vielen Ortsnamen wiederkehrt.

Echter Walnußbaum
Júglans régia
Walnußgewächse
Juglandaceae

Erscheinungsbild: Sommergrüner,
zumeist recht breitkroniger Baum
bis etwa 25 m Höhe. Stamm meist
schon in geringer Höhe in größere
Äste gegabelt. Junge Zweige ziemlich steif, etwas rinnig, oliv-bräunlich, heller punktiert.
Blattmerkmale: Wechselständig,
zusammengesetzt, unpaarig gefiedert, mit 3–5 cm langem Blattstiel.
Fiederblättchen 7–9, wenig gestielt,
bis etwa 12 cm lang, länglich-oval
bis breit-elliptisch, an beiden Enden
verschmälert, Endfieder gestielt und
deutlich größer als die übrigen, im
Austrieb rötlich, später oberseits
mittel- oder dunkelgrün, unterseits
heller und nur in den Nervenwinkeln

wenig behaart. Riechen beim Zerreiben nach Terpentin. Im Herbst
wenig auffällig gelblich-braun.
Weitere Kennzeichen: Einhäusig.
Männliche Kätzchen bereits im
Frühherbst als kompakte Knospen
erkennbar, nach dem Aufblühen bis
12 cm lang. Weibliche Blüten 1–5 an
den Enden neuer Triebe. Steinfrucht
mit grüner Schale und hartem Steinkern (= Walnuß).
Blütezeit: IV–V, Früchte ab IX.
Vorkommen: Heimisch nur vom Balkan bis nach Südwestasien. Seit der
Römerzeit fast überall in Süd- und
Mitteleuropa eingebürgert.
Wissenswertes: Die Nußkerne enthalten ein fettes Öl, das durch Pres-
sung für Speise- oder technische
Zwecke gewonnen wird. Das dunkelbraune Holz ist als Furnier und
Möbelholz sehr geschätzt. Nußbäu-
me werden über 500 Jahre alt.

Kaukasische Flügelnuß
Pterocárya fraxínifólia
Walnußgewächse
Juglandaceae

Erscheinungsbild: Sommergrüner, raschwüchsiger Baum bis etwa 20 m Höhe mit dichter, gewölbter, im Freistand sehr regelmäßig rundlicher Krone. Stamm kurzschäftig, in geringer Höhe in mehrere große Äste gegabelt. Junge Zweige wenig bereift, bräunlich-oliv, kahl. Knospen frei, rostbraun, borstig behaart.
Blattmerkmale: Wechselständig, zusammengesetzt, unpaarig gefiedert, mit 1–3 cm langem Blattstiel. Fiederblättchen 9–21, schmal-oval bis lanzettlich, 8–18 cm lang und bis 5 cm breit, sitzend, am Grunde breit keilförmig, vorne zugespitzt, fein gesägt. Fiedern eines Paares stehen sich nicht exakt gegenüber, sondern sind gegeneinander versetzt. Gesamtspreite bis 60 cm lang, oberseits tiefgrün, unterseits heller und nahe der Mittelrippe durch bräunliche Sternhaare gepunktet. Herbstlaub unauffällig gelblich.
Weitere Kennzeichen: Einhäusig. Blüten in langen, hängenden Kätzchen. Früchte mit breitem Flügelrand, zahlreich in verlängerten Trauben, grünlich.
Blütezeit: IV-V, Früchte ab IX.
Vorkommen: Ursprünglich nur in den Bergwäldern vom nördlichen Iran bis zum Kaukasus. Seit etwa 150 Jahren wird der ausgesprochen dekorative und weitgehend frostharte Baum auch in Mitteleuropa als Park- und Alleebaum angepflanzt.
Wissenswertes: Die Zweige haben ein gekammertes Mark. Wegen der starken Beastung ist das Holz kaum verwertbar.

Götterbaum
Ailánthus altíssima
Bittereschengewächse
Simaroubaceae

Erscheinungsbild: Sommergrüner, gewöhnlich sehr hoher Baum bis etwa 25 m Höhe mit langem, geradem Stamm und dichter, etwas unregelmäßiger, gewölbter Krone. Jüngere Zweige rötlich-braun, mattglänzend, ziemlich dick, etwas gefurcht. Blattnarben sehr auffällig dreieckig. Borke auch an älteren Exemplaren glatt und fein längsrissig graubraun. Knospen vor dem Laubaustrieb kräftig rot.

Blattmerkmale: Wechselständig, zusammengesetzt, unpaarig gefiedert, bis 75 cm lang, mit 10–15 cm langem Blattstiel; Fiederblättchen 11–19, gestielt, 5–15 cm lang und bis 6 cm breit, im Umriß länglich-oval, vorne zugespitzt, am Grunde breit keilförmig, in der rückwärtigen Blatthälfte mit 1–3 ungleich großen Zähnen, sonst leicht gewellt, etwas unsymmetrisch (Seitennerv verläuft nicht genau in der Fiedermitte), oberseits mattgrün, unterseits heller, kahl, beim Zerreiben von unangenehmem Geruch.

Weitere Kennzeichen: Einhäusig. Blüten in locker verzweigten Rispen. Geflügelte Nußfrüchte zur Reifezeit prächtig karminrot bis gelbrot.

Blütezeit: VI–VIII, Früchte ab IX.

Vorkommen: Ursprünglich nur in Ostasien (China), seit langem als Park- und Stadtbaum angepflanzt.

Wissenswertes: Der Götterbaum erwies sich als recht unempfindlich gegen städtische Abgase und trockene Böden, daher als raschwüchsiges Stadtgehölz sehr geeignet. Ältere Äste neigen zu Windbruch.

Hunds-Rose, Hecken-Rose
Rósa canína
Rosengewächse
Rosaceae

Erscheinungsbild: Sommergrüner, buschiger Strauch mit weit ausladenden, bogig überhängenden Ästen und Zweigen auf kräftigem Stamm, etwa 3–5 m hoch, im geschlossenen Heckenverband nur mit langen Ruten zwischen dem Geäst anderer Gehölze, insgesamt von sehr variabler Erscheinung. Alle Zweige mit sichelförmig gekrümmten, rückwärts gerichteten Stacheln, die leicht abbrechen. Raschwüchsig.

Blattmerkmale: Wechselständig, zusammengesetzt, unpaarig gefiedert, etwa 7–12 cm lang mit 5–7 Fiederblättchen, diese um 3 cm lang und bis 2,5 cm breit, länglich-oval, zugespitzt, gesägt, oberseits dunkelgrün, unterseits hellgrün, etwas runzlig, auf beiden Seiten kahl. Blattstiel mit den Nebenblättern verwachsen und stachelig bewehrt.

Weitere Kennzeichen: Blüten einzeln oder zu wenigen an Kurztrieben, bis 5 cm breit, schwach rosa, seltener reinweiß, von angenehmem Duft. Hagebutten kahl, ohne vertrocknete Kelchblätter, bis 2 cm lang, korall- bzw. scharlachrot.

Blütezeit: V–VII, Hagebutten ab VIII.

Vorkommen: Lichtbedürftige, tiefwurzelnde Art auf mäßig trockenen Böden in Gebüschen, auf Brachen, an Wald- und Wegrändern.

Wissenswertes: Die Hagebutte ist eine Scheinfrucht, an deren Bildung sich Achsengewebe beteiligt.

Verwandte Arten: In Mitteleuropa gibt es etwa 25 Wildrosen, die zum Teil schwer bestimmbar sind.

Eberesche, Vogelbeere
Sórbus aucupária
Rosengewächse
Rosaceae

Erscheinungsbild: Sommergrüner, oft mehrstämmiger kleiner Baum bis etwa 15 m Höhe mit kugelig-dichter, bisweilen auch lockerer und unregelmäßig aufgebauter Krone. Jüngere Zweige zunächst filzig behaart, später verkahlend und dann rötlichbraun. Rinde am Stamm glatt und silbrig-grau, zuletzt schwärzlich und längsrissig.

Blattmerkmale: Wechselständig, zusammengesetzt, unpaarig gefiedert, mit 2–3 cm langem Blattstiel, insgesamt etwa 15 cm lang und 8 cm breit. Fiederblättchen 9–17, sehr kurz gestielt oder sitzend, länglich-oval, vorne zugespitzt, am Grunde keilförmig, 4–5 cm lang und 1–2 cm breit, gleichmäßig gesägt, oberseits mattgrün und anliegend behaart, unterseits dicht graufilzig, duften beim Zerreiben deutlich nach Bittermandelaroma. Prächtige Herbstfärbung von goldgelb bis rotgelb.

Weitere Kennzeichen: Blüten zahlreich in ausgebreiteten Schirmrispen. Kronblätter weiß. Apfelfrüchte 3samig, kugelig, orangerot bis korallrot, von etwas bitterem Geschmack. Eßbar.

Blütezeit: V–VI, Früchte ab VIII.

Vorkommen: Weit verbreitet und häufig an Säumen und Wegrändern, in Gebüschen und Schlägen. Oft auch als Ziergehölz angepflanzt. Im Gebirge bis 2000 m.

Wissenswertes: Die Früchte werden von den Vögeln gerne verzehrt. In manchen Gegenden werden sie zu Schnaps verarbeitet. Das Holz eignet sich für Drechselarbeiten.

Speierling
Sórbus doméstica
Rosengewächse
Rosaceae

Erscheinungsbild: Sommergrüner Baum von etwa 12–20 m Höhe mit rundlicher, etwas lückiger Krone. Junge Zweige anfangs weißlich behaart, später verkahlend und dann oliv-bräunlich mit großen Korkwarzen. Borke der Stämme in feine, kleine Platten gefeldert. Winterknospen klebrig, länglich, um 1 cm lang.

Blattmerkmale: Wechselständig, zusammengesetzt, unpaarig gefiedert, an den Zweigenden meist büschelig gehäuft, mit 3–5 cm langem Blattstiel. Spreite bis 25 cm lang und 10 cm breit. Fiederblättchen 13–21, ungefähr gleich groß, 3–5 cm lang und etwa 1–1,5 cm breit, schmallänglich, zugespitzt, sehr kurz gestielt oder sitzend, vorne scharf gesägt, im unteren Drittel nahezu glattrandig, oberseits dunkelgrün und unbehaart, unterseits wenig anliegend behaart (vor allem entlang der Blattnerven). Auffällige gelbe bis rötliche Herbstfärbung.

Weitere Kennzeichen: Blüten zahlreich in endständigen, kegeligen Rispen. Kronen reinweiß oder cremefarben. Apfelfrucht birnenförmig, 2–3 cm lang, gelblich, auf der Lichtseite rötlich, warzig. Eßbar.

Blütezeit: V–VI, Früchte ab IX.

Vorkommen: Vor allem in Südeuropa weit verbreitet. In Deutschland nördlich bis ins Mittelrheingebiet. Oft nicht bodenständig.

Wissenswertes: Speierling ist ein altes Wildobst. Die Früchte werden zur Geschmacksabrundung bei der Herstellung von Apfel- und Obstwein verwendet.

Fünfblättrige Jungfernrebe
Parthenocissus quinquefolia
Weinrebengewächse
Vitaceae

Erscheinungsbild: Sommergrüner, gewöhnlich sehr dichtlaubiger Kletterstrauch, rankt etwa 6–12 m hoch. Den Laubblättern stehen wie bei der Echten Weinrebe Ranken (= umgewandelte Blätter) gegenüber. Diese Blattranken verankern die Pflanze durch spiraliges Aufwinden an geeigneten Stützen. Bei Kontakt mit glatten Unterlagen bilden die verzweigten Ranken dagegen Haftscheiben aus, die sich auf Gestein oder Ziegelmauerwerk festkitten.
Blattmerkmale: Wechselständig (unter Berücksichtigung der Blattranken eigentlich gegenständig), zusammengesetzt, handförmig gefiedert, gewöhnlich 5zählig, seltener auch 3- oder 7zählig. Fiederblättchen länglich-lanzettlich, bis 10 cm lang und etwa 3 cm breit, kurz gestielt, in der vorderen Hälfte kerbig gesägt oder gezähnt, Zähne zur Spitze weisend, oberseits dunkelgrün, unterseits weißlich. Im Herbstaspekt überaus prächtig purpurrot.
Weitere Kennzeichen: Blüten in kleinen Scheindolden. Beerenfrucht kugelig, erbsengroß, blauschwarz bereift, leicht giftig.
Blütezeit: VI–VII, Früchte X.
Vorkommen: Ursprünglich nur im atlantischen Nordamerika, um 1625 in Europa eingeführt.
Wissenswertes: Die auch als Wilder Wein bezeichnete Kletterpflanze eignet sich zur Gebäudebegrünung.
Verwandte Arten: Die Dreilappige Jungfernrebe (*Parthenocissus tricuspidata*), im Bild oben und rechts, ist in vielen Merkmalen ähnlich.

Weiß-Tanne
Ábies álba
Kieferngewächse
Pinaceae

Erscheinungsbild: Immergrüner, hochwüchsiger Baum bis etwa 50 m Höhe. Stamm kräftig, im Alter bis 3 m dick. Im Freistand bis zum Boden beastet. Krone bei jüngeren Exemplaren kegelförmig, im Alter abgeflacht und rundlich-nestförmig. Äste fast waagerecht abstehend oder leicht hängend. Rinde glatt, dunkelgrau, im Alter schuppig gefeldert. Junge Zweige hellbraun, dicht kurzhaarig.

Blattmerkmale: Nadelförmig, 1–3 cm lang und um 2 mm breit, vorne stumpf, abgeflacht, auf der Unterseite mit 2 hellen Längsstreifen, oberseits dunkelgrün, Mittelrippe wenig vertieft, biegsam, sitzen den Zwei-

gen mit breitem, fußförmigen Grund an, spiralig angeordnet, aber meist 2zeilig gescheitelt oder in mehreren Ebenen V-förmig. Leben etwa 10 Jahre.

Weitere Kennzeichen: Einhäusig. Reifer Zapfen etwa 10 cm lang und bis 5 cm breit, an beiden Enden rasch verschmälert, blaßbraun. Schuppen lösen sich beim Trocknen einzeln ab. Zapfenspindeln bleiben noch für Jahre am Baum.

Blütezeit: IV–V, reife Zapfen ab X.

Vorkommen: Verbreitet in den Gebirgen Süd- und Mitteleuropas in Höhenlagen um 400–1000 m in verschiedenen Waldgesellschaften (Tannen-Fichten-Wald oder Tannen-Rotbuchen-Wald).

Wissenswertes: Tannen werden über 500 Jahre alt. Das helle, feste Holz wird beim Hausbau oder Instrumentenbau (Orgeln) verwendet.

Kaukasus-Tanne
Abies nórdmanniana
Kieferngewächse
Pinaceae

Erscheinungsbild: Immergrüner, bis etwa 50 m hoher Baum, anfangs mit kegelförmiger, schmaler Krone, später breit-säulenförmig. Äste fast wirtelig angeordnet und waagerecht abstehend. Junge Zweige streifig, olivbraun, zunächst schwärzlich behaart, später kahl. Rinde stumpfgrau, an älteren Exemplaren plattig gefeldert und schwarzgrau.

Blattmerkmale: Nadelförmig, 2–3 cm lang, ziemlich starr, aber nicht stechend-spitz, vorne leicht ausgerandet, dicht stehend, oberseits glänzend dunkelgrün mit eingesenkter Mittelrippe, unterseits mit 2 weißlichen Längsstreifen (Spaltöffnungsbändern), schraubig gestellt, häufig jedoch in eine 2zeilige Lage gedreht, duften beim Zerreiben leicht fruchtig.

Weitere Kennzeichen: Weibliche Blütenstände hellgrün, etwa 3 cm lang, aufrecht. Reife Zapfen bis 20 cm lang und 5 cm dick, grünlichbraun, mit zurückgeschlagenen Deckschuppen.

Blütezeit: IV–V, Zapfenreife ab X des gleichen Jahres.

Vorkommen: Waldbildender Nadelbaum im Pontischen Gebirge und im westlichen Kaukasus. In Mitteleuropa vielfach angepflanzt. Auch als Weihnachtsbaum (Nordmanns-Tanne) sehr beliebt.

Wissenswertes: Diese Tanne wurde nach ihrem Entdecker, dem finnischen Botaniker A. Nordmann, benannt. Das älteste deutsche Exemplar wächst in Berlin-Dahlem.

Gemeine Fichte, Rot-Fichte
Pícea ábies
Kieferngewächse
Pinaceae

Erscheinungsbild: Immergrüner, bis etwa 50 m hoher Baum, selten auch bis 70 m hoch und damit höchster einheimischer Baum. Krone besonders im Freistand sehr regelmäßig kegelförmig und bis zum Boden beastet. Äste wirtelig gestellt, meist durchhängend, im oberen Kronenteil auch schräg aufsteigend. Junge Zweige rötlich-braun, wenig behaart oder völlig kahl. Rinde kupferbraun, löst sich in kleinen, rundlichen Schuppen ab. Stämme gerade, in Hanglagen auch knieförmig, bis 2 m dick.

Blattmerkmale: Nadelförmig, 1–2,5 cm lang, um 1 mm dick, im Querschnitt rautenförmig und daher kantig, zugespitzt, steif, stechend, wirtelig oder undeutlich gescheitelt. Spaltöffnungen allseits in unauffälligen Längszeilen. Nadelbasis höckerig. Zweige fühlen sich bei der Fichte daher rauh wie eine Feile an. Lebensdauer des Nadelblattes je nach Klima 5–10 Jahre.

Weitere Kennzeichen: Männliche Blüten beim Aufblühen karminrot. Weibliche Zapfen zur Blütezeit ebenfalls rötlich, nur in der oberen Kronenregion. Zur Reifezeit bräunlich, hängend, 10–15 cm lang, 3–4 cm dick, immer etwas harzig.

Blütezeit: V–VI, Reife ab IX des gleichen Jahres.

Vorkommen: Flachwurzler, Rohhumusbildner, in winterkalten Gebieten von Skandinavien bis zum Balkan, in den Mittelgebirgen natürlich erst oberhalb 800 m, durch forstlichen Anbau weiter verbreitet.

Serbische Fichte
Pícea omórika
Kieferngewächse
Pinaceae

Erscheinungsbild: Immergrüner, im Ursprungsgebiet bis etwa 30 m hoher Baum von bemerkenswert schlankem, fast säulenartigem Wuchs mit spitzer Krone. Tiefe Äste, die den Boden berühren, können sich bewurzeln. Stamm um 0,5 m dick, mit dunkelbrauner bis fuchsbrauner, kleingefelderter Rinde. Junge Zweige bräunlich-gelb, fein behaart.

Blattmerkmale: Nadelförmig, meist unter 2 cm lang, aber bis 2 mm dick, zugespitzt, jedoch nicht stechend, biegsam, wenig abgeflacht, oberseits frischgrün oder bläulich-grün, unterseits gekielt mit 2 breiteren Längsstreifen, schraubig angeord-net, aber im Mittelteil der Zweige deutlich gescheitelt abstehend.

Weitere Kennzeichen: Männliche Blüten vor dem Ausstäuben kräftig karminrot, beim Aufblühen rötlich-gelb. Weibliche Zapfen länglich-oval bis schmal-spindelig, unreif blaugrün, zur Reifezeit dunkelbraun, harzig.

Blütezeit: IV–V, Reife im Herbst des gleichen Jahres; Zapfen öffnen sich jedoch erst im Frühjahr.

Vorkommen: Ursprünglich nur in Höhenlagen um 900–1000 m in Jugoslawien (Bosnien/Serbien und Montenegro), dort erst im letzten Jahrhundert entdeckt. Vielfach als Ziergehölz angepflanzt.

Wissenswertes: Vor und während der Eiszeiten war die Serbische Fichte sogar bis an die Nordseeküste verbreitet. Ihren Reliktstandort hat sie nicht mehr verlassen.

Stech-Fichte, Blau-Fichte
Pícea púngens
Kieferngewächse
Pinaceae

Erscheinungsbild: Immergrüner, in Kultur meist 25–30 m, sonst bis 50 m hoher Baum mit breit kegelförmiger, ziemlich regelmäßiger, spitzer Krone. Jüngere Stammabschnitte nicht gerade wachsend, sondern etwas geschlängelt. Äste wirtelig und waagerecht abstehend. Jüngere Zweige gefurcht, gelblich-braun bis weißlich, fast kahl, dicht mit Nadelkissen besetzt. Rinde schwarzbraun und schuppig.

Blattmerkmale: Nadelförmig, 2–3 cm lang und um 1 mm dick, deutlich kantig, im Querschnitt quadratisch, zugespitzt und sehr starr (namengebendes Merkmal), allseits mit hellerem Längsstreifen (Spaltöffnungsband), bei der Ursprungsform mattgrün bis dunkelgrün, bei Kulturvarietäten durch wachsige Bereifung auch graublau, stahlblau, grünblau oder grünweißlich.

Weitere Kennzeichen: Blüten nur in den oberen Kronenregionen. Blütenstände um 1,5 cm lang, aufrecht. Zapfen anfangs hellgrün, zur Reifezeit graubraun oder gelbbraun, um 10 cm lang und 4 cm dick, leicht gekrümmt, hängend. Zapfenschuppen am vorderen Rand unregelmäßig gezähnelt.

Blütezeit: V, Reife ab X im gleichen Jahr.

Vorkommen: Ursprünglich im südwestlichen Nordamerika (Colorado), selten in Reinbeständen. Heute in vielen Varietäten in Gärten oder auf Friedhöfen verbreitet.

Wissenswertes: Langsamwüchsig, kann sehr alt werden.

Kanadische Hemlocktanne
Tsuga canadénsis
Kieferngewächse
Pinaceae

Erscheinungsbild: Immergrüner, etwa 20–30 m hoher, gelegentlich mehrstämmiger Baum mit breiter, oft sehr unregelmäßiger und lückiger Krone. Wipfeltrieb mitunter undeutlich. Äste abstehend oder überhängend, im unteren Stammbereich sehr stark. Junge Zweige bräunlich, fein behaart, dicht mit Nadelbasen bedeckt. Borke grobschuppig gefeldert oder rissig, rotbraun bis graubraun.

Blattmerkmale: Nadelförmig, etwa 1–1,8 cm lang und 1–2,5 mm breit, insgesamt uneinheitlich groß, stark abgeflacht, vorne abgerundet, zum Ende hin etwas verschmälert, oberseits tiefgrün und glänzend, unter-seits mit 2 breiten, weißlichen Spalt-öffnungsbändern (siehe Bilder oben), an jeder Seite des Zweiges in 2 oder 3 Ebenen, so daß von oben der Eindruck einer dichtblättrigen Zweizeiligkeit entsteht. Lebensdauer etwa 5 Jahre.

Weitere Kennzeichen: Männliche Blüten in den Blattachseln, gelblich, ziemlich klein. Zapfen ungestielt, anfangs grünlich, zur Reifezeit hellbraun, an den Zweigenden, eiförmig, etwa 1–1,5 cm lang.

Blütezeit: IV–V, Reife ab X im gleichen Jahr.

Vorkommen: Ursprünglich nur im nordöstlichen Nordamerika. Forstliche Nutzung nur in geringem Maße, dagegen häufig als Ziergehölz.

Verwandte Arten: Die Westliche Hemlock (*Tsuga heterophylla*) wird wesentlich höher (70 m) und entwikkelt verschieden große Nadeln.

Douglasie, Küsten-Douglasie
Pseudotsúga menziésii
Kieferngewächse
Pinaceae

Erscheinungsbild: Immergrüner, meist um 50 m hoher Baum mit schöner, gerader und relativ schlanker Krone, die sich erst im Alter stärker abflacht. Äste wirtelig abstehend und an den Enden aufgerichtet. Junge Zweige hell- oder olivgrün, behaart. Rinde am Stamm älterer Bäume zunächst glatt und grau mit waagerechten Harzblasen, später grobrissig braun und zuletzt fast schwarz und tief gefurcht.

Blattmerkmale: Nadelförmig, 2–4 cm lang und um 1,5 mm breit, sehr weich und biegsam, abgeflacht, vorne nur wenig zugespitzt, mit eingesenkter Mittelrippe, oberseits dunkelgrün glänzend, unterseits mit 2 schmalen, silbrigen Längsstreifen (Spaltöffnungsleisten). Lebensdauer etwa 6 Jahre. Duften beim Zerreiben aromatisch nach Orangen.

Weitere Kennzeichen: Weibliche Blütenstände blühend bis 2 cm lang und gelb-rötlich. Reife Zapfen gestielt, um 8 cm lang und 3 cm dick, hellbraun; Samenschuppen breit und rundlich, Deckschuppen länglich, vorstehend und mit 3 Zipfeln.

Blütezeit: IV–V, Reife ab VIII des gleichen Jahres.

Vorkommen: Ursprünglich nur im pazifischen Nordamerika von Britisch Kolumbien bis Kalifornien. In Mitteleuropa vielfach forstlich verwendet oder als Zierbaum.

Wissenswertes: Douglasien erreichen Höhen über 100 m. Benannt nach dem schottischen Botaniker D. Douglas.

Küsten-Sequoie
Sequóia sempervírens
Sumpfzypressengewächse
Taxodiaceae

Erscheinungsbild: Immergrüner, sehr hoher Baum mit ansehnlichem Stamm und säulenförmiger, breiter, bei alten Exemplaren auch rundlicher Krone. Beastung beginnt erst in größerer Höhe über dem Boden. Im Ursprungsgebiet 60–100 m hoch, in Kultur gewöhnlich erheblich kleiner. Stämme sehr gerade, in Bodennähe verbreitert, mit dicker, schwammiger, fuchsroter, längsfurchiger Borke. Junge Zweige grün, mit herablaufenden Nadelpolstern bedeckt.

Blattmerkmale: Nadelförmig, 1–2 cm lang, am gleichen Trieb meist ungleich groß, linealisch, vorne kurz zugespitzt, schwach gebogen, abgeflacht, oberseits tiefgrün und glänzend, unterseits mit zwei silbrigweißen, etwas undeutlichen Längsbändern, schraubig angeordnet, durch Drehung jedoch zweizeilig. Lebensdauer etwa 3–4 Jahre.

Weitere Kennzeichen: Männliche Blüten zu mehreren endständig, gelblich, um 2 mm lang. Zapfen endständig an älteren Zweigen, kugelig, um 2 cm groß, mit spiralig stehenden Schuppen.

Blütezeit: II–III, Reife ab X im gleichen Jahr.

Vorkommen: Ursprünglich nur in einem kleinen Gebiet im westlichen Nordamerika (Oregon/Kalifornien), Bestandsbilder im Flachland und in der Hügelregion. Vielfach in Parks und Gärten gepflanzt.

Wissenswertes: Das Holz, wegen seiner Färbung Redwood genannt, wird im Innenausbau verwendet. Können über 2000 Jahre alt werden.

Urweltmammutbaum
Métasequóia glýptostroboídes
Sumpfzypressengewächse
Taxodiaceae

Erscheinungsbild: Sommergrüner, etwa 30 (selten auch 50) m hoher Baum mit kegelförmiger, lockerer, schlanker Krone. Äste anfangs spitzwinklig aufrecht, später abstehend oder leicht hängend. Stamm unterhalb der Äste charakteristisch ausgekehlt. Rinde rötlich-braun oder blaßbraun bis grau, längsstreifig. Zweigsystem klar in Lang- und Kurztriebe gegliedert. Kurztriebe exakt gegenständig, werden im Herbst abgeworfen.

Blattmerkmale: Nadelförmig, 1–3 cm lang und bis 3 mm breit, abgeflacht, weich, vorne rundlich oder undeutlich zugespitzt, gebogen, gleichmäßig gescheitelt und zwei-

zeilig, beim Austrieb grasgrün, später bleibend frischgrün, beidseits gleichfarben. Im Herbstaspekt je nach Standort gelblich bis lachsoder rubinrot.

Weitere Kennzeichen: Männliche Blüten zu mehreren achselständig am Ende vorjähriger Langtriebe. Weibliche Zapfen endständig an Kurztrieben, reif um 2 cm lang.

Blütezeit: IV–V, Reife ab XI.

Vorkommen: Nur in einem kleinen Gebiet im Südwesten Chinas. Vielfach angepflanzt.

Wissenswertes: Vor ihrer Entdeckung im Jahre 1941 war die Gattung Metasequoia nur aus Tertiärfossilien bekannt.

Verwandte Arten: Die ebenfalls laub- bzw. kurztriebwerfende Sumpfzypresse (*Taxodium distichum*) hat wechselständige Kurztriebe mit weichen Nadelblättern.

Gemeine Eibe
Táxus baccáta
Eibengewächse
Taxaceae

Erscheinungsbild: Immergrüner, bis
höchstens 20 m erreichender Baum
mit kegelförmiger, später auch gerundeter, sehr dichter und breiter
Krone, bei mehrstämmigen Exemplaren unregelmäßig, bei einigen
Gartenformen auch schlank-säu-
lenförmig. Rinde braungrau, dünn,
gefurcht und in kleineren Platten ab-
lösend. Junge Zweige grün oder
bräunlich.
Blattmerkmale: Nadelförmig, bis 4
cm lang und um 3 mm breit, linealisch, abgeflacht, leicht sichelförmig
gebogen, vorne mit schlanker Spitze, oberseits dunkelgrün glänzend,
unterseits hellgrün mit 2 graugrü-
nen, etwas undeutlichen Spaltöff-

nungsbändern, an ausgebreiteten
Zweigen immer streng 2zeilig gescheitelt, nur am Leittrieb allseitig.
Lebensdauer etwa 5 Jahre.
Weitere Kennzeichen: Zweihäusig.
Weibliche Blüten einzeln, sehr unscheinbar. Samen zur Reifezeit oval,
6–8 mm lang, stumpf 3kantig, mit
auffallendem, karminrotem, etwas
bereiftem Samenmantel (Arillus).
Bis auf den süßlich schmeckenden
Samenmantel alle Teile sehr giftig.
Blütezeit: II–IV, Samenreife X.
Vorkommen: In Europa weit verbreitet, doch fast immer vereinzelt auf
lockeren, sickerfeuchten Böden in
lichten oder schattigen Wäldern. In
den Bayerischen Alpen bis 1300 m.
Wissenswertes: Deutschlands älteste Eibe bei Hinterstein/Allgäu soll
etwa 2000 Jahre alt sein. Aus dem
festen Holz wurden früher Bögen
gefertigt. Beliebtes Ziergehölz.

Atlas-Zeder
Cédrus atlántica
Kieferngewächse
Pinaceae

Erscheinungsbild: Immergrüner, bis 40 m hoher Baum mit anfangs kegelförmiger, später sehr unregelmäßiger, breiter, lückiger Krone. Gipfeltrieb seitwärts gekrümmt, aber nicht hängend. Äste steil aufrecht und ausgebreitet, bilden keine schirm- oder etagenförmigen Teilkronen. Rinde dunkel braungrau bis schwärzlich, plattig zerrissen oder schuppig. Zweige klar in Kurz- und Langtriebe gegliedert.
Blattmerkmale: Nadelförmig, an den Kurztrieben zu 30–40 in Büscheln, an den Langtrieben entfernt schraubig, 2–3 cm lang, um 1 mm dick, kantig, starr, kurz zugespitzt, allseitig mit feinen Längsstreifen (Spaltöffnungsbänder), auf der Unterseite jedoch besonders deutlich, dunkelgrün bis bläulich-grün, bei einigen Kulturvarietäten weißlich bereift. Lebensdauer etwa 5 Jahre.
Weitere Kennzeichen: Einhäusig. Männliche Blüten sehr zahlreich an Kurztrieben, 3–5 cm lang und 1 cm dick, gelblich-blaßrosa. Weibliche Blütenstände unauffällig. Reife Zapfen bis 7 cm lang und 5 cm dick, zylindrisch, blaßbraun.
Blütezeit: IX–X, Zapfenreife meist erst im dritten Jahr.
Vorkommen: Ursprünglich in den Wäldern des Atlas-Gebirges. In mehreren Varietäten als Ziergehölz angepflanzt.
Verwandte Arten: Die Himalaya-Zeder (*Cedrus deodara*) ist an ihrem überhängenden Gipfeltrieb kenntlich. In Parks und Gärten.

Zirbel-Kiefer, Arve, Zirbe
Pínus cémbra
Kieferngewächse
Pinaceae

Erscheinungsbild: Immergrüner, meist um 20 m hoher Baum. Krone bei jüngeren Exemplaren kegelförmig, im Alter zunehmend breit-säulenförmig mit gerundeter Spitzenregion. Äste kurz und gedrungen, abstehend oder aufsteigend. Rinde graugrün, am Stamm rötlich-grau, längsrissig mit breiten Furchen. Junge Zweige grünlich, dicht behaart.

Blattmerkmale: Nadelförmig, zu je 5 an dicht stehenden Kurztrieben, 5–10 cm lang, bis 1,5 mm dick, fest und starr, ziemlich gerade, vorne spitz, an den Kanten rauh, im Querschnitt dreieckig, auf der Außenseite kräftig dunkelgrün, innenseitig graugrün und mit weißlichen Spaltöffnungsbändern. Lebensdauer etwa 5 Jahre.

Weitere Kennzeichen: Einhäusig. Blüten nur in den höheren Kronenteilen. Männliche Blüten purpurbraun. Weibliche Zapfen anfangs grünlich-violett, zur Reifezeit purpurbraun bis dunkelbraun, aufrecht, um 8 cm lang und 6 cm breit, mit breit-rundlichen Schuppen.

Blütezeit: V–VIII Zapfenreife erst im zweiten oder dritten Jahr.

Vorkommen: Heimisch in den Zentralalpen und in den Karpaten in Höhenlagen von 1400–2700 m (Waldgrenze). Seltener als Ziergehölz.

Wissenswertes: Arvenbestände sind der Lebensraum des Tannenhähers, der die schmackhaften Zirbelnüsse (Samen) verbreitet. Arvenholz ist technisch sehr wertvoll, als Konstruktionsholz oder im Möbelbau.

Weymouths-Kiefer, Strobe
Pínus stróbus
Kieferngewächse
Pinaceae

Erscheinungsbild: Immergrüner, bis 50 m hoher Baum, anfangs mit kegelförmiger, im Alter mit sehr breiter, unregelmäßiger, gerundeter oder abgeflachter Krone. Junge Zweige verhältnismäßig dünn, leicht kantig, bräunlich-grün. Rinde an älteren Ästen silbrig-rötlich bis rötlich-braun. Schuppenborke der Stämme grob gefeldert, mit tiefen, schwärzlichen Rissen.

Blattmerkmale: Nadelförmig, zu je 5 an locker gestellten Kurztrieben, 7–15 cm lang, unter 1 mm dick, weich und biegsam, vorne zugespitzt, im Querschnitt dreieckig, an den Rändern etwas rauh, im ersten Jahr hellgrün, später tiefgrün bis wenig bläu-

lich-grün, auf der Innenseite mit feinen Spaltöffnungsbändern. Lebensdauer etwa 2–3 Jahre.

Weitere Kennzeichen: Einhäusig. Männliche Blüten klein, oval, gelblich. Weibliche Blütenstände zu 2–3 an den Enden der Langtriebe, aufrecht, rötlich, etwa 1 cm lang. Reife Zapfen bis 20 cm lang und (geöffnet) etwa 4 cm dick, hängend, gebogen, mit kurzem Stiel und holzigen, verharzten Schuppen.

Blütezeit: V–VI, Zapfenreife im zweiten Jahr.

Vorkommen: Heimisch im nordöstlichen Nordamerika (Georgia bis Neufundland). In Europa seit dem 18. Jahrhundert wichtiges Forstgehölz. In Parks und auf Friedhöfen.

Wissenswertes: Die Strobe ist der höchste Nadelbaum im atlantischen Nordamerika. Das Holz wird im Innen- und Außenbereich verwendet.

Wald-Kiefer, Föhre
Pinus sylvéstris
Kieferngewächse
Pinaceae

Erscheinungsbild: Immergrüner, bis etwa 30 m hoher Baum. Krone bei jüngeren Exemplaren regelmäßig kegelförmig mit schlanker Spitze, im Alter schirmförmig-breit, unregelmäßig gegliedert und locker. Stamm sehr langschäftig, da die unteren Äste verlorengehen, meist auch etwas gekrümmt oder gebogen. Junge Zweige gelblich-grün, kahl. Rinde an älteren Ästen rötlichbraun, am Stamm grob-längsfurchig grauschwarz, in rosa-graue, abblätternde Felder gegliedert.
Blattmerkmale: Nadelförmig, zu je 2 an Kurztrieben mit schwärzlichen Schuppenblättern, an den Zweigenden büschelig gehäuft, 3–8 cm lang, bis 2 mm dick, steif, vorne zugespitzt, häufig gedreht, im Querschnitt halbkreisförmig, mattgrün bis graugrün oder leicht bläulich. Lebensdauer etwa 5 Jahre.
Weitere Kennzeichen: Einhäusig. Männliche Blüten zahlreich am Grunde von Laubtrieben, beim Ausstäuben hellgelb. Weiblicher Blütenstand an der Spitze junger Langtriebe, länglich-oval, rötlich. Reife Zapfen kurz gestielt, aus ihrer aufrechten Anlage seitwärts gekrümmt, 3–8 cm lang, geöffnet 3–5 cm dick.
Blütezeit: V–VI, Zapfenreife im Herbst des folgenden Jahres.
Vorkommen: In Deutschland an der Westgrenze des nordasiatischen Verbreitungsgebietes, gerne auf Sandböden. Forstlich angepflanzt.
Wissenswertes: Das gelbliche Holz ist als Bau- und Möbelholz sehr geschätzt.

Schwarz-Kiefer
Pínus nígra
Kieferngewächse
Pinaceae

Erscheinungsbild: Immergrüner, bis etwa 30 m (selten bis 50 m) hoher Baum, anfangs mit kegelförmiger, im Alter mit sehr unregelmäßiger, oft mehrteiliger, abgeflachter Krone. Junge Zweige kräftig, unbehaart, braungrau. Rinde an älteren Ästen und am Stamm braunschwarz oder schwarzgrau (namengebendes Merkmal), grob gefurcht und schuppig gefeldert.

Blattmerkmale: Nadelförmig, zu je 2 auf Kurztrieben in dunkelgrauer Nadelscheide, etwa 10–15 cm lang, unter 2 mm dick, zugespitzt, steif, im Querschnitt halbkreisförmig, an den Kanten etwas rauh, gerade oder etwas bogig, leicht gedreht, dunkel-

grün bis schwarzgrün. Lebensdauer etwa 6 Jahre.

Weitere Kennzeichen: Einhäusig. Männliche Blüten etwa 2,5 cm lang, gelb, faßförmig, an der Basis von Langtrieben. Weibliche Blütenstände aufrecht, rötlich, an der Spitze von Langtrieben. Reife Zapfen sehr kurz gestielt, 4–10 cm lang, geöffnet etwa 5 cm breit, dunkelbraun.

Blütezeit: V–VI, Zapfenreife im Herbst des folgenden Jahres.

Vorkommen: Im montanen Bereich Süd- und Südosteuropas auf trockeneren Kalkböden. Vielfach forstlich oder als Zierbaum angepflanzt.

Wissenswertes: Die Schwarz-Kiefer ist sehr formenreich und kann in mehrere geographische Rassen untergliedert werden. Die Bäume erreichen ein Alter bis etwa 500 Jahre. Das Holz ist sehr harzreich.

Berg-Kiefer, Legföhre, Latsche
Pínus múgo
Kieferngewächse
Pinaceae

Erscheinungsbild: Immergrüner, formenreicher Strauch, ein- oder vielstämmig bis etwa 4 m hoch, oder bis 20 m hoher, aufrechter, einstämmiger Baum. Junge Zweige grünlich, später hellbraun, unbehaart, mit Schuppenblattbasen bedeckt. Rinde an Ästen und Stämmen rötlich-grau bis braungrau, löst sich in dreieckigen, kleineren Schuppen ab.
Blattmerkmale: Nadelförmig, zu je 2 an Kurztrieben in langen, braungrauen, vorne silbrig-hellen Nadelscheiden, 3–8 cm lang, bis 3 mm dick, steif, vorne mit längerer Hornspitze, gerade oder sichelförmig zur Hauptachse gekrümmt, an den Kanten sehr fein gesägt, im Querschnitt halbkreisförmig, beidseits glänzend dunkelgrün. Lebensdauer rund 10 Jahre oder mehr.
Weitere Kennzeichen: Einhäusig. Männliche Blüten gelblich am Grunde von Langtrieben. Weibliche Blütenstände zu 2–4 unterhalb der Langtriebspitze, purpurrot. Zapfen unreif violettrot, reif glänzend hellbraun, 2–5 cm lang und bis 2,5 cm breit, ziemlich symmetrisch.
Blütezeit: V–VI, Zapfenreife im Herbst des folgenden Jahres.
Vorkommen: Auf nährstoffarmen, felsigen oder steinigen Böden der Gebirge Mittel- und Südeuropas.
Wissenswertes: Die baumförmig wachsenden Varianten werden mitunter auch als eigene Art, Haken-Kiefer (*Pinus uncinata*), abgetrennt. Beide Formen in Bergmooren.

Europäische Lärche
Lárix decídua
Kieferngewächse
Pinaceae

Erscheinungsbild: Sommergrüner, bis etwa 40 m hoher Baum mit regelmäßiger, meist schlanker, im Alter etwas abgeflachter Krone und sehr dichter, gleichförmiger Beastung. Junge Zweige strohfarben gelbbraun, kahl, von Blattpolstern bedeckt. Rinde anfangs grünbraun und glatt, später rotbraun oder graubraun, tiefrissig geschuppt.
Blattmerkmale: Nadelförmig, zu 20-40 rosettig genähert an Kurztrieben, an den Langtrieben einzeln, linealisch, 2–3 cm l ang, unter 1 mm dick, kurz zugespitzt, weich und biegsam, etwas abgeflacht, auf der Unterseite im Bereich der Mittelrippe schwach gekielt, mit zwei helleren Längsstreifen (Spaltöffnungsbänder), im Austrieb grasgrün, bald etwas nachdunkelnd und frischgrün. Im Herbstaspekt leuchtend goldgelb.
Weitere Kennzeichen: Einhäusig. Männliche Blüten an mehrjährigen Kurztrieben, hellgelb. Weibliche Blütenstände immer an älteren, belaubten Kurztrieben, purpurrot, später grünlich. Reife Zapfen aufrecht, oval, 3–5 cm lang und bis 2,5 cm dick, dunkelbraun oder blaßbraun; Rand der verholzten Samenschuppen kaum umgebogen (vgl. folgende Art). Zapfen bleibend.
Blütezeit: III–V, Zapfenreife im gleichen Jahr.
Vorkommen: Heimisch in den Alpen sowie in den Sudeten/Karpaten (mit eigener Unterart).
Wissenswertes: Das leicht rötliche Holz wird vielseitig im Innenausbau oder Außenbereich verwendet.

Japanische Lärche
Lárix káempferi
Kieferngewächse
Pinaceae

Erscheinungsbild: Sommergrüner, bis 40 m hoher, geradstämmiger Baum mit breit-kegelförmiger bis unregelmäßig ausladender Krone. Äste im unteren Stammbereich abstehend und an den Enden aufsteigend. Junge Zweige gelblichbraun, kahl und etwas bereift (Unterschied zur vorigen Art). Rinde rotbraun bis mittelbraun, tief längsfurchig, löst sich in kleinen Schuppen ab.

Blattmerkmale: Nadelförmig, zu 30–40 rosettig gedrängt an Kurztrieben, nur an Langtrieben einzeln, 2–3 cm lang, bis 1,5 mm dick, weich, spitz, nicht stechend, unterseits mit 2 helleren Längsstreifen, beim Austrieb frischgrün, später dunkler und leicht bläulich-grün. Im Herbstaspekt vor dem Laubfall intensiv goldgelb.

Weitere Kennzeichen: Einhäusig. In Blütenanordnung und -aufbau der Europäischen Lärche sehr ähnlich. Reife Zapfen jedoch mit weit zurückgebogenen Samenschuppenrändern.

Blütezeit: III, Zapfenreife ab IX des gleichen Jahres.

Vorkommen: Heimisch in den Gebirgslagen Japans. In Mitteleuropa, besonders in Norddeutschland, forstlich kultiviert.

Wissenswertes: Zwischen der Europäischen und Japanischen Lärche gibt es einen erbfesten Kreuzungsbastard, der mitunter in Mischbeständen anzutreffen ist. Das Holz ist äußerst beständig und wird als Konstruktionsmaterial im Haus- und Schiffbau verwendet.

Gemeiner Wacholder
Juníperus commúnis
Zypressengewächse
Cupressaceae

Erscheinungsbild: Immergrüner,
formenreicher und vielgestaltiger
Strauch mit ausgebreiteten, nieder-
liegend-aufsteigenden Zweigen
oder von schlank-säuligem Wuchs,
meist um 5 m Höhe erreichend, nur
ausnahmsweise auch bis etwa 12 m.
Stamm relativ kurz, armdick, mit
dünner, graubrauner, längsstreifi-
ger Rinde. Junge Zweige etwas kantig, hellgrün.
Blätter: Nadelförmig, in 3zähligen
Wirteln, bis 2 cm lang und 2 mm
breit, linealisch, vorne sehr spitz und
stechend, am Grunde breiter, nicht
mit herablaufender Basis, abge-
spreizt, oberseits etwas rinnig, mit
breitem graugrünem Mittelband,
unterseits gekielt, kräftig grün. Zweige und Nadeln duften beim Zerreiben sehr aromatisch. Lebensdauer
etwa 3 Jahre.
Weitere Kennzeichen: Zweihäusig,
nur in seltenen Ausnahmen mit
Zwitterblüten. Männliche Blüten in
den Achseln der Nadeln, gelblich,
sehr klein. Weibliche Blütenstände
mit mehreren Wirteln aus Schuppenblättern, von denen die drei ober-
sten bei der Reife saftig-fleischig
werden und einen Beerenzapfen
bilden, diese reif blauschwarz.
Blütezeit: IV–VI, reife Beerenzapfen
ab VIII des Folgejahres.
Vorkommen: In Europa auf flach-
gründigen, nährstoffarmen Böden
weit verbreitet. Lichtholz.
Wissenswertes: In den Alpen kommt
eine Zwergform bis etwa 50 cm
Wuchshöhe vor. Beerenzapfen als
Aromatikum vielfach verwendet.

Mammutbaum, Riesensequoie
Sequoiadéndron gigánteum
Sumpfzypressengewächse
Taxodiaceae

Erscheinungsbild: Immergrüner, sehr stattlicher Baum mit durchgehendem, geradem Stamm bis etwa 80 m Höhe. Krone anfangs regelmäßig kegelförmig, später mehrteilig und gerundet, abgeflacht. Äste bei jungen Exemplaren regelmäßig quirlständig. Junge Zweige meist hängend. Rinde faserig-schwammig, fuchsrot bis mittelbraun, sehr massig.

Blattmerkmale: Schuppenförmig, auf den Zweigen 3zeilig oder spiralig angeordnet, lanzettlich, lang zugespitzt, etwa 5–10 mm lang und knapp über 1 mm breit, oberseits glatt, unterseits längsfurchig, größtenteils anliegend, nur im Spitzenbereich leicht abstehend, tiefgrün bis bläulich-grün. Die Zweige duften beim Zerreiben fein aromatisch nach Anis. Lebensdauer etwa 4 Jahre.

Weitere Kennzeichen: Einhäusig. Blüten endständig. Zapfen zur Reifezeit länglich-kugelig, 3–5 cm lang und bis 4 cm dick, mit verholzten, starren, klaffenden Schuppen.

Blütezeit: III–IV, Zapfenreife ab Sommer des gleichen Jahres.

Vorkommen: Heimisch in einem kleinen Gebiet der Sierra Nevada in Kalifornien in Höhen zwischen 1400 und 2500 m. Häufig als Parkbaum gepflanzt.

Wissenswertes: Die eindrucksvollsten Exemplare wachsen im Sequoia National Park (rechts: Giant Grizzly). Sie erreichen ein Alter von mehr als 3000 Jahren, gehören zu den ältesten Lebewesen der Erde.

Lawsons Scheinzypresse,
Oregonzeder
Chamaecýparis lawsoniána
Zypressengewächse
Cupressaceae

Erscheinungsbild: Immergrüner, im Ursprungsgebiet bis 60 m hoher Baum mit dichter, kegelförmiger, verhältnismäßig schmaler Krone, gleichmäßig und im Freistand bis zum Boden beastet. Äste kurz, abstehend oder herabhängend. Zweige fächerförmig ausgebreitet.

Blattmerkmale: Schuppenförmig, kreuzgegenständig in 4 Längszeilen am Zweig angeordnet, bis 3 mm lang (an den Hauptachsen auch doppelt so lang), mit breitem Grund sitzend, vorne stumpf oder kurzspitzig, auf der Zweigoberseite tiefgrün bis graugrün und matt glänzend, auf der Unterseite hell graugrün, durch

weißliche Nähte voneinander getrennt. Schuppenblätter an den Zweigkanten mit 2 unscheinbaren Harzdrüsen, Blätter auf der Zweigfläche mit einzelner Harzdrüse.

Weitere Kennzeichen: Einhäusig. Blüten schon während des Winters sichtbar. Männliche Blüten an den Zweigenden, karminrot. Weibliche Blüten ebenfalls endständig. Reifer Zapfen mit 8 verholzten Schuppen, kugelig, starr, hellbraun.

Blütezeit: IV, Zapfenreife ab IX im gleichen Jahr.

Vorkommen: Heimisch in einem kleinen Gebiet im pazifischen Nordamerika (Oregon, Nordkalifornien). In Mitteleuropa in vielen Zierformen angepflanzt.

Wissenswertes: Alle Teile des Baumes sind leicht giftig. Das harzfreie, hellgelbe Holz ist sehr beständig und wird vielfach verarbeitet.

Sawara-Scheinzypresse
Chamaecýparis pisífera
Zypressengewächse
Cupressaceae

Erscheinungsbild: Immergrüner, im Ursprungsgebiet bis 50 m hoher Baum mit geradem, langschäftigem Stamm und kegelförmiger, schmaler Krone. Äste aufsteigend oder waagerecht abstehend. Zweige nur in einer Ebene fächerförmig verzweigt. Rinde glatt, braun-rötlich, löst sich in Längsstreifen ab.

Blattmerkmale: Schuppenförmig, kreuzgegenständig in 4 Längsreihen, bis 3 mm lang, zugespitzt; Seitenblätter der Zweige lanzettlich, mit unauffälligen Harzdrüsen, Flächenblätter breit-oval oder dreieckig, mit deutlicher Harzdrüse, anliegend, oberseits wenig glänzend und dunkelgrün, unterseits graugrün, am Blattgrund mit grauweißlichen Spaltöffnungsfeldern. Beim Zerreiben duften die Blätter streng nach Harz.

Weitere Kennzeichen: Einhäusig. Männliche Blüten überwintern als millimetergroße, braunschwarze Knospen an den Zweigenden, beim Ausstäuben blaßgelb. Weibliche Blüten unscheinbar, endständig, blühend violettbraun. Reifer Zapfen etwa erbsengroß (namengebendes Merkmal), nußbraun, mit 8 schildförmigen, starren, verholzten Schuppen.

Blütezeit: IV, Zapfenreife ab X im gleichen Jahr.

Vorkommen: Heimisch in den feuchten Gebirgswäldern Japans. In zahlreichen Varietäten angepflanzt.

Wissenswertes: Zum Formenkreis der Sawara-Scheinzypresse gehören viele Zwergkoniferen.

Morgenländischer Lebensbaum
Thúja orientális
Zypressengewächse
Cupressaceae

Erscheinungsbild: Immergrüner, bis etwa 20 m hoher Baum, oft auch nur großer, mehrstämmiger Strauch. Als Baum mit dichter, verkehrt-ovaler, gerundeter Krone. Stamm kurz, bereits in geringer Höhe in größere, steil aufgerichtete Äste gegabelt. Zweige wechselständig in einer Ebene verzweigt, senkrecht ausgerichtet.

Blattmerkmale: Schuppenförmig, kreuzgegenständig in 4 Längszeilen angeordnet, liegen den Zweigen wie Dachziegel unmittelbar an, meist um 3 mm lang, vorne zugespitzt, an den Enden etwas eingekrümmt, nur an den Flächenblättern finden sich Harzdrüsen, Kantenblätter überlappen die Flächenblätter. Duften beim Zerreiben harzig.

Weitere Kennzeichen: Einhäusig. Blüten endständig an den Zweigen, ziemlich klein und unscheinbar. Reife Zapfen länglich-oval, etwa 2 cm lang, mit 6 starren, verholzten, hakenbewehrten Zapfenschuppen. Samen ungeflügelt.

Blütezeit: III-IV, Zapfenreife ab X des gleichen Jahres.

Vorkommen: Heimisch in China und Japan sowie in Korea. Vor allem auf Friedhöfen oder in zwergwüchsigen Varietäten in Vorgärten.

Wissenswertes: Die Gattung *Thuja* war noch während des Tertiärs im Rheinland heimisch, wie Fossilfunde gezeigt haben. Die Bäume sind ziemlich resistent gegen Schädlinge und rauchgasfest.

Abendländischer Lebensbaum
Thúja occidentális
Zypressengewächse
Cupressaceae

Erscheinungsbild: Immergrüner, etwa 20 m hoher Baum mit geradem, massivem Stamm und dichter, schmaler, spitzer oder abgerundeter Krone. Äste kurz, aufgerichtet, biegsam. Rinde orangebraun bis graubraun, löst sich in dickeren Längsstreifen ab. Zweige in einer Ebene fächerartig verzweigt, stehen gewöhnlich waagerecht (vgl. Morgenländischer Lebensbaum).

Blattmerkmale: Schuppenförmig, kreuzgegenständig in 4 Längszeilen angeordnet, 2–4 mm lang, stumpf oder mit undeutlicher, kurzer Spitze, eng anliegend. Seitenblätter überlappen die Flächenblätter, diese im vorderen Abschnitt mit großer Harzdrüse, oberseits mattgrün, unterseits immer wesentlich heller bis grüngelb, ohne weißliche Spaltöffnungsfelder. Zweige duften beim Zerreiben sehr aromatisch nach Apfelmus mit Gewürznelke.

Weitere Kennzeichen: Einhäusig. Blüten zahlreich, endständig, bereits im Spätherbst angelegt. Reifer Zapfen länglich, 1–1,5 cm lang, mit 8–10 ungleich großen, nach oben spreizenden, rötlich-braunen Schuppen. Samen mit schmalem Flügelsaum.

Blütezeit: IV–V, Zapfenreife ab IX im gleichen Jahr.

Vorkommen: Heimisch im atlantischen Nordamerika von den großen Seen etwa bis New York.

Wissenswertes: Alle Teile sind sehr giftig. Das feste, beständige Holz wurde von den Indianern zum Haus- und Bootsbau verwendet.

A

Abendländischer Lebensbaum 249
Abies alba 204
– *nordmanniana* 206
Acer campestre 55
– *monspessulanum* 54
– *negundo* 67
– *palmatum* 50
– *platanoides* 56
– *pseudoplatanus* 52
– *saccharinum* 51
Aesculus hippocastanum 68
Ahorn, Berg- 52
–, Eschen- 67
–, Fächer- 50
–, Feld- 55
–, Französischer 54
–, Silber- 51
–, Spitz- 56
–, Zucker- 51
Ahornblättrige Platane 170
Ailanthus altissima 192
Alnus glutinosa 121
– *incana* 120
– *viridis* 121
Amelanchier lamarckii 94
– *ovalis* 94
Apfel, Holz- 110
–, Kultur- 110
Arve 226
Aspe 140
Atlas-Zeder 224

B

Baum-Hasel 126
Behaarter Ginster 76
Berberis vulgaris 92
Berberitze 92
Berg-Ahorn 52
Berg-Kiefer 234
Berg-Ulme 144
Besenginster 186
Betula humilis 118
– *nana* 118
– *pendula* 114
– *pubescens* 116
Birke, Hänge- 114, 140

–, Karpaten- 116
–, Moor- 116
–, Sand- 114
–, Strauch- 118
–, Warzen- 114
–, Weiß- 114
–, Zwerg- 118
Birne, Holz- 112
–, Kultur- 112
Blasenstrauch, Gemeiner 184
Blau-Fichte 212
Blumen-Esche 66
Blut-Buche 132
Breitblättriges Pfaffenhütchen 44
Bruch-Weide 137
Buche, Blut- 132
–, Gemeine 132
–, Rot- 132
Buchsbaum 39
Buxus sempervirens 39

C

Carpinus betulus 128
Castanea sativa 130
Cedrus atlantica 224
– *deodara* 224
Cerasus avium 98
– *vulgaris* 97
Chamaecyparis lawsoniana 244
– *pisifera* 246
Clematis vitalba 62
Colutea arborescens 184
Cornus mas 34
– *sanguinea* 34
Corylus avellana 124
– *colurna* 126
– *maxima* 126
Crataegus laevigata 154
– *monogyna* 152
Cydonia oblonga 88

D

Daphne cneorum 74
– mezereum 74
Deutscher Ginster 76
Douglasie 216
Douglasie, Küsten- 216
Dreilappige Jungfernrebe 200

E

Eberesche 196
Echter Walnußbaum 188
Echte Weichsel 97
Edel-Kastanie 130
Efeu, Gemeiner 178
Eibe, Gemeine 222
Eiche, Flaum- 164
–, Rot- 166
–, Sommer- 158
–, Stein- 165
–, Stiel- 158, 162
–, Trauben- 162
–, Winter- 162
–, Zerr- 163
Eingriffeliger Weißdorn 152
Elsbeere 156
Englischer Ginster 76
Erle, Grau- 120
–, Grün- 121
–, Schwarz- 121
Esche, Blumen- 66
–, Gemeine 64
–, Manna- 66
Eschen-Ahorn 67
Espe 140
Eß-Kastanie 130
Euonymus europaea 44
– latifolia 44
Europäische Lärche 236
Europäischer Feuerdorn 96

F

Fächer-Ahorn 50
Färber-Ginster 76
Fagus sylvatica 132
Falscher Jasmin 47
Faulbaum 90
Feld-Ahorn 55
Feld-Ulme 144, 146
Felsenbirne, Gemeine 94

–, Kanadische 94
Felsen-Kreuzdorn 46
Feuerdorn, Europäischer 96
Fichte, Blau- 212
–, Gemeine 208
–, Omorika- 210
–, Rot- 208
–, Serbische 210
–, Stech- 212
Flatter-Ulme 146
Flaum-Eiche 164
Flügelnuß, Kaukasische 190
Föhre 230
Frangula alnus 90
Französischer Ahorn 54
Fraxinus excelsior 64
– ornus 66
Fünfblättrige Jungfernrebe 200

G

Gagelstrauch 142
Garten-Magnolie 89
Gelber Hartriegel 34
Gemeine Buche 132
Gemeine Eibe 222
Gemeine Esche 64
Gemeine Felsenbirne 94
Gemeine Fichte 208
Gemeine Hasel 124
Gemeiner Blasenstrauch 184
Gemeiner Efeu 178
Gemeiner Goldregen 185
Gemeiner Kreuzdorn 46
Gemeine Roßkastanie 68
Gemeiner Schneeball 42, 48
Gemeiner Seidelbast 74
Gemeiner Wacholder 240
Gemeines Pfaffenhütchen 44
Gemeine Waldrebe 62
Genista anglica 76
– germanica 76
– pilosa 76
– tinctoria 76
Ginkgobaum 172
Ginkgo biloba 172
Ginster, Behaarter 76
–, Deutscher 76
–, Englischer 76
–, Färber- 76
Gleditschie 182

Gleditsia triacanthos 182
Götterbaum 192
Goldregen, Gemeiner 185
Grau-Erle 120
Grau-Pappel 176
Grau-Weide 78
Grün-Erle 121

H

Hänge-Birke 114, 140
Haferpflaume 102
Hainbuche 128
Haken-Kiefer 234
Hartriegel, Gelber 34
–, Roter 34
Hasel, Baum- 126
–, Gemeine 124
–, Lamberts- 126
Haselnuß 124
Heckenkirsche, Rote 32
–, Schwarze 32
–, Wald- 32
Hecken-Rose 194
Hedera helix 178
Hemlocktanne, Kanadische 214
Hemlock, Westliche 214
Himalaya-Zeder 224
Hippophae rhamnoides 72
Holländische LInde 150
Holunder, Schwarzer 58
–, Trauben- 60
Holz-Apfel 110
Holz-Birne 112
Hülse 168
Hunds-Rose 194

I

Ilex aquifolium 168

J

Japanische Magnolie 89
Japanische Lärche 238
Japanischer Liguster 40
Jasmin, Falscher 47
Juglans regia 188
Jungfernrebe, Dreilappige 200
–, Fünfblättrige 200
Juniperus communis 240

K

Kanadische Felsenbirne 94
Kanadische Hemlocktanne 214
Karpaten-Birke 116
Kastanie, Edel- 130
–, Eß- 130
Kaukasische Flügelnuß 190
Kaukasus-Tanne 206
Kiefer, Berg- 234
–, Haken- 234
–, Schwarz- 232
–, Wald- 230
–, Weymouths- 228
–, Zirbel- 226
Kiefern-Mistel 36
Kirsche, Trauben- 100
–, Vogel- 98
–, Weichsel- 104
–, Wild- 98
–, Zwerg- 97
Kirschlorbeer 86
Kirschpflaume 102, 104
Knack-Weide 137
Korb-Weide 80
Kornelkirsche 34
Kraut-Weide 83
Kreuzdorn, Felsen- 46
–, Gemeiner 46
Küsten-Douglasie 216
Küsten-Sequoie 218
Kultur-Apfel 110
Kultur-Birne 112

L

Laburnum anagyroides 185
Lärche, Europäische 236
–, Japanische 238
Lamberts-Hasel 126
Larix decidua 236
– *kaempferi* 238
Latsche 234
Laubholz-Mistel 36
Lawsons Scheinzypresse 244
Lebensbaum, Abendländischer 249
–, Morgenländischer 248
Lederhülsenbaum 182
Ledum palustre 75
Legföhre 234
Liguster 40
Liguster, Japanischer 40

Ligustrum ovalifolium 40
– *vulgare* 40
Lilien-Magnolie 89
Linde, Holländische 150
–, Sommer- 148
–, Silber- 150
–, Winter- 150
Lonicera nigra 32
– *periclymenum* 32
– *xylosteum* 32
Lorbeer-Kirsche 86

M

Magnolia denudata 89
– *hypoleuca* 89
– × *soulangiana* 89
Magnolie, Garten- 89
–, Japanische 89
–, Lilien- 89
–, Tulpen- 89
Malus domestica 110
– *sylvestris* 110
Mammutbaum 242
Manna-Esche 66
Maßholder 55
Mehlbeere 108
Mespilus germanica 84
Metasequoia glyptostroboides 220
Mirabelle 102
Mispel 84
Mistel 36
Moor-Birke 116
Morgenländische Platane 170
Morgenländischer Lebensbaum 248
Myrica gale 142

N

Netz-Weide 82
Nordmanns-Tanne 206

O

Oregonzeder 244

P

Padus avium 100
Palm-Weide 78
Pappel, Grau- 176
–, Pyramiden- 138
–, Schwarz- 138
–, Silber- 176
–, Weiß- 176
–, Zitter- 140, 176
Parthenocissus quinquefolia 200
– *tricuspidata* 200
Pfaffenhütchen, Breitblättriges 44
–, Gemeines 44
Pfeifenstrauch 47
Pflaume 102
Philadelphus coronarius 47
Picea abies 208
– *omorika* 210
– *pungens* 212
Pinus cembra 226
– *mugo* 234
– *nigra* 232
– *strobus* 228
– *sylvestris* 230
– *uncinata* 234
Platane, Ahornblättrige 170
–, Morgenländische 170
–, Westliche 170
Platanus acerifolia 170
– × *hybrida* 170
– *occidentalis* 170
– *orientalis* 170
Populus alba 176
– × *canescens* 176
– *nigra* 138
– *tremula* 140
Porst, Sumpf- 75, 142
Prunus avium 98
– *cerasifera* 104
– *cerasus* 97
– *domestica* 102
– *fruticosa* 97
– *laurocerasus* 86
– *mahaleb* 104
– *padus* 100
– *serotina* 100
– *spinosa* 106
Pseudotsuga menziesii 216
Pterocarya fraxinifolia 190
Pulverholz 90
Purpur-Weide 137

Pyracantha coccinea 96
Pyramiden-Pappel 138
Pyrus communis 112
– *pyraster* 112

Q

Quendel-Weide 83
Quercus cerris 163
– *ilex* 165
– *petraea* 162
– *pubescens* 164
– *robur* 158
– *rubra* 166
Quitte 88

R

Rainweide 40
Reineclaude 102
Rhamnus cathartica 46
– *saxatilis* 46
Riesensequoie 242
Robinia pseudoacacia 180
Robinie 180
Rosa canina 194
Rose, Hecken- 194
–, Hunds- 194
Rosmarin-Seidelbast 74
Roßkastanie, Gemeine 68
Rot-Buche 132
Rotdorn 152
Rote Heckenkirsche 32
Rot-Eiche 166
Roter Hartriegel 34
Rot-Fichte 208
Rot-Rüster 146
Rüster, Rot- 146
–, Weiß- 144

S

Salix alba 136
– *caprea* 78
– *cinerea* 78
– *fragilis* 137
– *herbacea* 83
– *purpurea* 137
– *reticulata* 82
– *retusa* 83
– *serpyllifolia* 83
– *viminalis* 80

Sal-Weide 78
Sambucus nigra 58
– *racemosa* 60
Sand-Birke 114
Sanddorn 72
Sarothamnus scoparius 186
Sauerdorn 92
Sauerkirsche 97
Sawara-Scheinzypresse 246
Scheinakazie 180
Scheinzypresse, Lawsons 244
–, Sawara- 246
Schlehe 102, 106
Schneeball, Gemeiner 42, 48
–, Wasser- 42, 48
–, Wolliger 42
Schneebeere 38
Schwarzdorn 106
Schwarze Heckenkirsche 32
Schwarzer Holunder 58
Schwarz-Erle 121
Schwarz-Kiefer 232
Schwarz-Pappel 138
Seidelbast, Gemeiner 74
–, Rosmarin 74
Sequoiadendron giganteum 242
Sequoia sempervirens 218
Sequoie, Küsten- 218
Serbische Fichte 210
Silber-Ahorn 51
Silber-Linde 150
Silber-Pappel 176
Silber-Weide 136
Sommer-Eiche 158
Sommer-Linde 148
Sorbus aria 108
– *aucuparia* 196
– *domestica* 198
– *torminalis* 156
Spätblühende Traubenkirsche 100
Speierling 198
Spitz-Ahorn 56
Stech-Fichte 212
Stechpalme 168
Stein-Eiche 165
Stiel-Eiche 158, 162
Strauch-Birke 118
Strobe 228
Stumpfblättrige Weide 83
Sumpf-Porst 75, 142
Sumpfzypresse 220
Symphoricarpos rivularis 38

T

Tanne, Kaukasus- 206
–, Nordmanns- 206
–, Weiß- 204
Tannen-Mistel 36
Taxodium distichum 220
Taxus baccata 222
Thuja occidentalis 249
– *orientalis* 248
Tilia cordata 150
– × *europaea* 150
– *platyphyllos* 148
– *tomentosa* 150
Trauben-Eiche 162
Trauben-Holunder 60
Trauben-Kirsche 100
Traubenkirsche, Spätblühende 100
Trauer-Weide 136
Tsuga canadensis 214
– *heterophylla* 214
Tulpen-Magnolie 89
Ulme, Berg- 144
–, Feld- 144, 146
–, Flatter- 146
Ulmus glabra 144
– *laevis* 146
– *minor* 146
Urweltmammutbaum 220

V

Viburnum lantana 42
– *opulus* 42, 48
Viscum album 36
Vogelbeere 196
Vogel-Kirsche 98

W

Wacholder, Gemeiner 240
Wald-Heckenkirsche 32
Wald-Kiefer 230
Waldrebe, Gemeine 62
Walnußbaum, Echter 188
Warzen-Birke 114
Wasser-Schneeball 42, 48

Weichsel, Echte 97
–, Stein- 104
–, Zwerg- 97
Weichsel 104
Weide, Bruch- 137
–, Grau- 78
–, Knack- 137
–, Korb- 80
–, Kraut- 83
–, Netz- 82
–, Palm- 78
–, Purpur- 137
–, Quendel- 83
–, Sal- 78
–, Silber- 136
–, Stumpfblättrige 83
–, Trauer- 136
–, Zwerg 83
Weiß-Birke 114
Weißbuche 128
Weißdorn, Eingriffeliger 152
–, Zweigriffeliger 154
Weiß-Pappel 176
Weiß-Rüster 144
Weiß-Tanne 204
Westliche Hemlock 214
Westliche Platane 170
Weymouths-Kiefer 226
Wild-Kirsche 98
Winter-Eiche 162
Winter-Linde 150
Wolliger Schneeball 42

Z

Zeder, Atlas- 224
–, Himalaya- 224
Zirbe 226
Zirbel-Kiefer 226
Zitter-Pappel 140, 176
Zucker-Ahorn 51
Zweigriffeliger Weißdorn 154
Zwerg-Birke 118
Zwerg-Kirsche 97
Zwerg-Weichsel 97
Zwerg-Weide 83
Zerr-Eiche 163
Zwetschge 102

Bildnachweis

Linde

Eiche

Roßkastanie

Haselnuß

Lärche

Spitz-Ahorn